G. Barsali - U. Castelli - R. Gagetti - O. Parra

PISA

Geschichte und Meisterwerke

145 Farbfotos
Stadtplan

BONECHI EDIZIONI "IL TURISMO"

Die Texte zum Dommuseum und Sinopienmuseum schrieb **Antonio Chinca**.

Neudruck 2006

Via G. Di Vittorio, 31 - 50145 Firenze
Tel. +39-055.37.57.39 / 34.24.527
Fax +39-055.37.47.01
e-mail: bbonechi@dada.it
info@bonechionline.com
http://www.bonechionline.com

Gedruckt in Italien

Fotos: Verlagsarchiv; Paolo Bacherini
Umbruch: Claudia Baggiani
Umschlaggestaltung: Paola Rufino
Druck: Lito Terrazzi, Florenz

ISBN 88-7204-190-2

Blick von der Porta di Santa Maria zum Domplatz

PISA IN DER GESCHICHTE

Spärlich und fragmentarisch sind die Hinweise über den Ursprung von Pisa. Geschichtliche Aufzeichnungen des Plinius und des Strabo haben nur den Wert reiner Legende. Daher wird der Ursprung der Stadt für immer ein Mysterium bleiben, ein Geheimnis also, das nicht einmal die großen Historiker der Antike zu entschleiern vermochten. Vielleicht waren es Menschen, die von der See her kamen, in vorrömischer Zeit, und die sich niederließen, wo sich heute die mittelalterliche Stadt befindet. Andererseits gelang es nicht einmal den Etruskern, Spuren ihrer Kultur zu hinterlassen. Das römische Pisa jedoch ist geschichtlich nachweisbar: im Jahre 180 verlangte und erhielt die Stadt (Römisches) Lateinisches Recht und wurde Kolonie, und zwar als Folge des siegreichen Kriegs gegen die Ligurer, geführt von Rom, mit seinen Alliierten. Kaiser Augustus verstärkte die Colonia, die bereits ein wichtiger Seehandelsplatz war. Die römische Geschichte der Stadt wird nun definitiv Bestandteil der Geschichte Roms. Im Jahre 476 n. Chr. überfluten die Barbaren unser Land. Rom ging für immer unter und Byzantiner beherrschen die italienische Halbinsel, und daher auch Pisa. Im VII. Jahrhundert half Pisa dem Papst Gregorius Magnus bei einer Expedition gegen die Byzantiner. Dann drangen die Langobarden in die Toskana ein. Die Eroberung durch die Langobarden erfolgte indes nicht gewaltsam; man spricht besser von einer friedlichen Fusion des einheimischen toskanischen Elements mit den Langobarden. Mit Karl dem Großen und unter den Karolingern lebte die Stadt in relativer Unabhängigkeit. Aber mit Beginn des X. Jahrhunderts setzte die ruhmreiche Epoche der Stadt ein. Die Stadt lag am Meer und begründete nun ihren Reichtum mit der eigenen Handelsflotte. Sie kämpfte mutig gegen die Sarazenen in Sizilien und eroberte 1005 Reggio Calabria. Im Bündnis mit Genua besiegte Pisa den König Mugahid im Jahre 1017, und durch einen Kraftakt vertrieb es die Genuesen aus Sardinien. Dieser Zusammenstoß zwischen Pisa und Genua war vielleicht die erste Ursache der Rivalität zwischen den beiden mächtigen Seerepubliken. Die Eroberungen folgten unaufhörlich aufeinander: Karthago, Bone und Lipari wurden in der Zeit von 1030 bis 1035 von Soldaten und Seeleuten Pisas besetzt. Jacopo Ciurini leitete die Eroberung Korsikas und die definitive Inbesitznahme Sardiniens ein; der pisanische Staat hatte sich nun stark ausgedehnt (1051-1052). Im Jahre 1063 eroberte Admiral Giovanni Orlando Palermo die Festung sarazenischer Seeräuber, die das Mittelmeer unsicher gemacht hatten. Mit dem in Palermo erbeuteten sarazenischen Gold begann man die Erbauung der Kathedrale der Stadt. 1099 nahmen zahlreiche Pisaner am ersten Kreuzzug teil: Jerusalem wurde dank ihres entscheiden--den Eingreifens erobert. Im XII. Jahrhundert begann Pisa, Handelsniederlassungen an der syrischen Küste zu gründen. Der Kaiser Ostroms, Alexios I. Komnenos, gewährte Pisa besonderes Stapelrecht in Konstantinopel und Zollerleichterungen. Von 1114 bis 1116 wurden die Balearen mit Ibiza, Mallorca und Menorca erobert. Erzbischof Pietro Moriconi führte die Flotte Pisas im Namen des Kreuzes zum Sieg, wiewohl auch im Namen präziser politischer Interessen des Staates. Aufgrund dieser und andrer Unternehmen wurde die Stadt, eine freie Gemeinde Italiens, mächtig, respektiert und auch gefürchtet. Damals wurde Pisa zum Treffpunkt zweier Kulturen: die des Morgenlandes und die des Abendlandes. Während der grausamen Kämpfe zwischen Papsttum (Welfen) und dem Reich (Gibellinen) zögerte Pisa nicht, sich auf die Seite der Kaiser zu stellen. Die gibellinische Partei gewann die Oberhand über die der Welfen. Im Jahre 1250 starb Friedrich II. Die toskanischen Städte, insbesondere Florenz und Lucca, verbündete sich gegen Pisa. Am 6. August 1284 kam es zum Zusammenstoß der pisanischen und genuesischen Flotte auf der Höhe der Insel Meloria. Schwerwiegend war die Niederlage in dieser Seeschlacht. Der Verrat des Grafen Ugolino della Gherardesca war Hauptursache dieses Unglücks. Man sperrte ihn, mitsamt seinen Söhnen und Enkelkindern, in den Turm der Gualandi ein. Die Pisaner warfen den Schlüssel zur Tür des Turms in den Arnofluß. Und so endete die Tragödie des Ugolino della Gherardesca, der gemeinsam mit seinen Söhnen und Enkelkindern verhungerte. Dante Alighieri geißelte Pisa in seiner « Göttlichen Komödie » wegen dieser Tat, aber die Justiz jener Zeit ließ keinerlei Schwachheiten zu. Gegen Ende des XIII. Jahrhunderts tauchten immer mehr Zeichen politischer Dekadenz in der Stadt auf. Schwerwiegende innere Zwistigkeiten vergifteten das politische Leben der Stadt. Heinrich VII. von Luxemburg zog 1311 nach Italien, um seine Partei wiederaufzurichten. Das gibellinische Italien scharte sich um den jungen Kaiser, und so tat es auch Pisa. Aber schon zwei Jahre später, im Jahre 1313, starb der Kaiser in der Nähe von Siena aus bis heute nicht aufgeklärten Ursachen. Mit der Herstellung der Welfenmacht verlor das gibellinische Pisa seine Freiheit. Der erste Diktator der Stadt war Ugoccione della Faggiola, dem es teilweise gelang, das Geschick des pisanischen Staates zu stabilisieren, indem den Lucchesen eine harte Lektion mit der Eroberung Luccas (1315) erteilt wurde. Aber Ugoccione war zu sehr Tyrann und man vertrieb ihn deshalb 1316. Andere Diktatoren kamen an die Macht: die Gherardesca, die Gambacorti, und Giovanni dell'Agnello, dessen Regierung von Grausamkeit gekennzeichnet war. Im Jahr 1392 wurde Pisa an die Visconti Mailands verkauft, die es ihrerseits für eine bedeutende Summe an die Florentiner weitergaben. Nach dieser Tatsache entzündete sich die Flamme der Freiheit aufs neue und auf gewaltige Weise; spontan kam es zur Revolte gegen Florenz. Aber 1406, nach einer schrecklichen Belagerung, mußte Pisa dem Hunger nachgeben. Auf den außerordentlichen Glanz der Stadt, der ihr Mittelalter erleuchtete, folgte die Renaissancezeit, in der sich Pisa in Sklaverei befand. Karl VIII., König von Frankreich, trat 1494 in die Szene. Er zeigte sich aber wenig Freund gegenüber allen Italienern. Nur mit Pisa gelang es ihm, ein wenig freundlichere Beziehungen herzustellen, und er ermutigte es, erneut die Waffen gegen Florenz zu richten. Aber 1499 siegte die Florentiner Armee aufs neue gegen Pisa. So gingen die alte Republik, die freie Gemeinde, die dem pisanischen Volk so teuren Freiheiten, unter, in der Wirklichkeit einer neuen Zeit. Pisa wurde unter der Herrschaft von Florenz bis 1737 von den Medici regiert, als der Letzte dieser Familie, Gastone, starb, ohne Erben zu hinterlassen. Die lothringischen Großherzöge, eine Seitenlinie der Habsburger, folgten auf die Medici. Ihre Regierung kann man als positiv, und zwar bis heute, für das ganze Großherzogtum der Toskana bezeichnen, und daher auch für Pisa. Aber die Stadt war ohne Leben. 1860 wurde sie nach der friedlichen toskanischen Revolution Teil des Staates Italien. Heute ist Pisa eine Provinzstadt mit hundertausend Einwohnern, und zwanzigtausend Studenten an seiner Universität. Pisa sieht noch immer zum Meere hin, das sich um viele Kilometer zurückgezogen hat.

Gegenüberliegende Seite: ***Der Schiefe Turm und die Domapsis***

PISA IN DER KUNST

Während weder die Phönizier, noch die Griechen oder Etrusker Spuren in Pisa hinterließen, schmückten es die Römer mit herrlichen Palästen und Thermen. Viele römische Sarkophage, die im Monumentalfriedhof aufbewahrt werden, bestätigen die klassischen Traditionen der Stadt. Große Mengen Materials hatte man in den römischen Ruinen gefunden und zur Errichtung der Kathedrale und anderer Baulichkeiten der Stadt, wie etwa des Baptisteriums und des Schiefen Turms wiederverwendet. Noch heute sind diese Steine sichtbar; auf einigen von ihnen findet man lateinische Epigraphe zur Erinnerung an Hadrian und Trajan. Schon seit dem VIII. Jahrhundert bemerkt man Pisa als kleines Kulturzentrum, und tatsächlich wird der Grammatiker Pietro da Pisa von Karl dem Großen nach Paris befohlen, der, wenig mit dem Schreiben bewandert, ihn zu seinem Lehrmeister macht. Aber das XI. Jahrhundert ist die Zeit, die der Stadt außergewöhnliche künstlerische Perspektiven eröffnet. Buschetto Pisano begann seine Kathedrale im Jahr 1063; das erste von vier Monumenten, die das architektonische Zentrum bilden. Der pisanisch-romanische Baustil findet in Buscheto seinen größten Vertreter. Aus dem Zusammenfließen architektonischer und dekorativer orientalischer Elemente mit jenen des Abendlandes, auf so harmonische Weise, haben wir den Ursprung des romanisch-pisanischen Baustils. Vielleicht treffen sich hier zum ersten Mal Morgen- und Abendland, um sich im Marmor der Kirchen Pisas harmonisch zu vereinigen. Spitzbögen, polychrome Dekorationen, schwarze und weiße Streifen, Pseudopilaster und Rhomben brachten dem romanisch-pisanischen Stil das Echo von weiten Reisen in den Orient. In Apulien wie in Sardinien wurden Kirchen und Glockentürme in dem Buscheto so teuren Stil errichtet, dem auch Diotisalvi und Bonanno Pisano anhingen. Die Kathedrale des fernen Spalato

Ansicht des Monumentalkomplexes der Piazza dei Miracoli mit dem Baptisterium im Vordergrund

Skulpturen von Nicola und Giovanni Pisano (Museo dell'Opera del Duomo)

(heute jugoslawischSplit) wurde im gleichen Stil errichtet. Vom Jahre 1063 bis 1173 wurden die Kathedrale, das Baptisterium, der berühmte Schiefe Turm begonnen. Der gotische Monumentalfriedhof wurde 1278 von Giovanni da Simone begonnen, der auch zweiter Architekt, nach Bonanno Pisano, des Schiefen Turms war.

Mit dem unbekannten « Meister von San Martino » erhebt sich die pisanische Malerei auf die Höhe nationalen Niveaus. Giunta Pisano, auch er lebte im XIII. Jahrhundert, gelang es als erstem im Westen sich von der strengen byzantinischen Figur zu lösen, um seinen Christus am Kreuz auf menschliche und leidende Weise darzustellen. Aber insbesondere in der Bildhauerkunst fanden die Pisaner ein wirklich universelles Echo. Die Namen zweier großer Männer genügten, um die ganze italienische Skulptur des XIII. Jahrhunderts zu qualifizieren: Nicola und Giovanni Pisano.

Nicola wandte seine Aufmerksamkeit der klassischen Vergangenheit seiner Stadt und seines Landes zu. Und, als erstem unter allen italienischen Bildhauern, gelang es ihm, in seine Werke den Zauber der Klassik antiker Statuen hineinzuprojizieren. Daher rührt es, daß seine Madonnen griechischen Göttinnen, seine Heiligen und Propheten römischen Aristokraten gleichen. Von großer Ausdruckskraft ist der kleine Jesusknabe vor der Anbetung der Heiligen Drei Könige an der Kanzel der Taufkapelle. Auch der Sohn Giovanni stand seinem Vater nicht nach. Vielleicht hatten beide Diskussionen und Polemiken verursacht, aber sie arbeiteten frei, da sie Bürger einer tief demokratischen und unabhängigen Stadt waren. In der heiteren Harmonie und kompakten Struktur des ersten Brunnens Italiens in Perugia gelang es ihnen, eines der berühmtesten Meisterwerke der Bildhauerei der Welt zu schaffen. Giovanni war der größte Interpret des Dramatischen, der Qual und der menschlichen Tragödie seiner Zeit. Eine Epoche, in der Dichtkunst und Malerei durch Dante Alighieri und Giotto zum Ausdruck kamen.

Die unsterbliche Kunst Giovanni Pisanos förderte Generationen großer Bildhauer und öffnete der Bildhauerei der Renaissance eines Jacopo della Quercia, eines Ghiberti, eines Donatello und Michelangelo den Weg.

Der Schiefe Turm
Gegenüberliegende Seite: ***Querschnitt des Turms***

DER SCHIEFE TURM

Wenige Gebäude der Welt sind so berühmt. Seine außerordentliche Neigung mißt 4,31 Meter. Bonanno Pisano und Guglielmo begannen den Bau im Jahre 1173. Allerdings besagt eine lateinische Inschrift, rechts der Eingangspforte, daß er 1174 begonnen wurde. Dieses Datum jedoch bezieht sich auf das um ein Jahr vorlaufende Kalendarium Pisas. Wenige Monate nach Baubeginn war vielleicht bereits der erste Stock fertiggestellt. In der unteren Ordnung des Turms gewahrt man an die Mauer angelegte Säulen mit klassischen Kapitellen, Blindbögen und Pseudopilaster. Unter der Leitung Bonannos schritten die Arbeiten weiter fort. Dieser Künstler schuf 1180 auch noch die vier Bronzetüren der Kathedrale, von welchen nur eine erhalten geblieben ist. Im Jahre 1185 zeigte der Turm bereits seine Gestalt, und man war am dritten Stockwerk angelangt. Zu diesem Zeitpunkt gab es bereits die erste Neigung infolge der allzugroßen Brüchigkeit des Baugrunds der Stadt. Andererseits zeigen viele andere, vor oder nach dem Schiefen Turm errichtete Bauten, ebenfalls Neigungen. Es ist daher angezeigt zu sagen, daß der Schiefe Turm Pisas niemals gerade war, zumal seine Neigung bereits ab Baubeginn beobachtet wurde. Bonanno Pisano reiste 1185 nach Sizilien, wo er ein Jahr später ein weiteres Bronzetor für die Kathedrale von Monreale schuf. Er kehrte in seine Geburtsstadt nur noch zum Sterben zurück und wurde in einem Sarkophag zu Füßen des Turms beigesetzt, ein Sarkophag, der erst 1820 entdeckt wurde. Leider konnte Bonanno Pisano die Ferstigstellung seines Werkes nicht sehen. Im Jahre 1198 wurden vorübergehend einige Glocken auf den unvollendeten Turm gebracht. Die schweren politischen Störungen während der ersten Hälfte des XIII. Jahrhunderts verhinderten die Vollendung des

CARTA D'INGRESSO

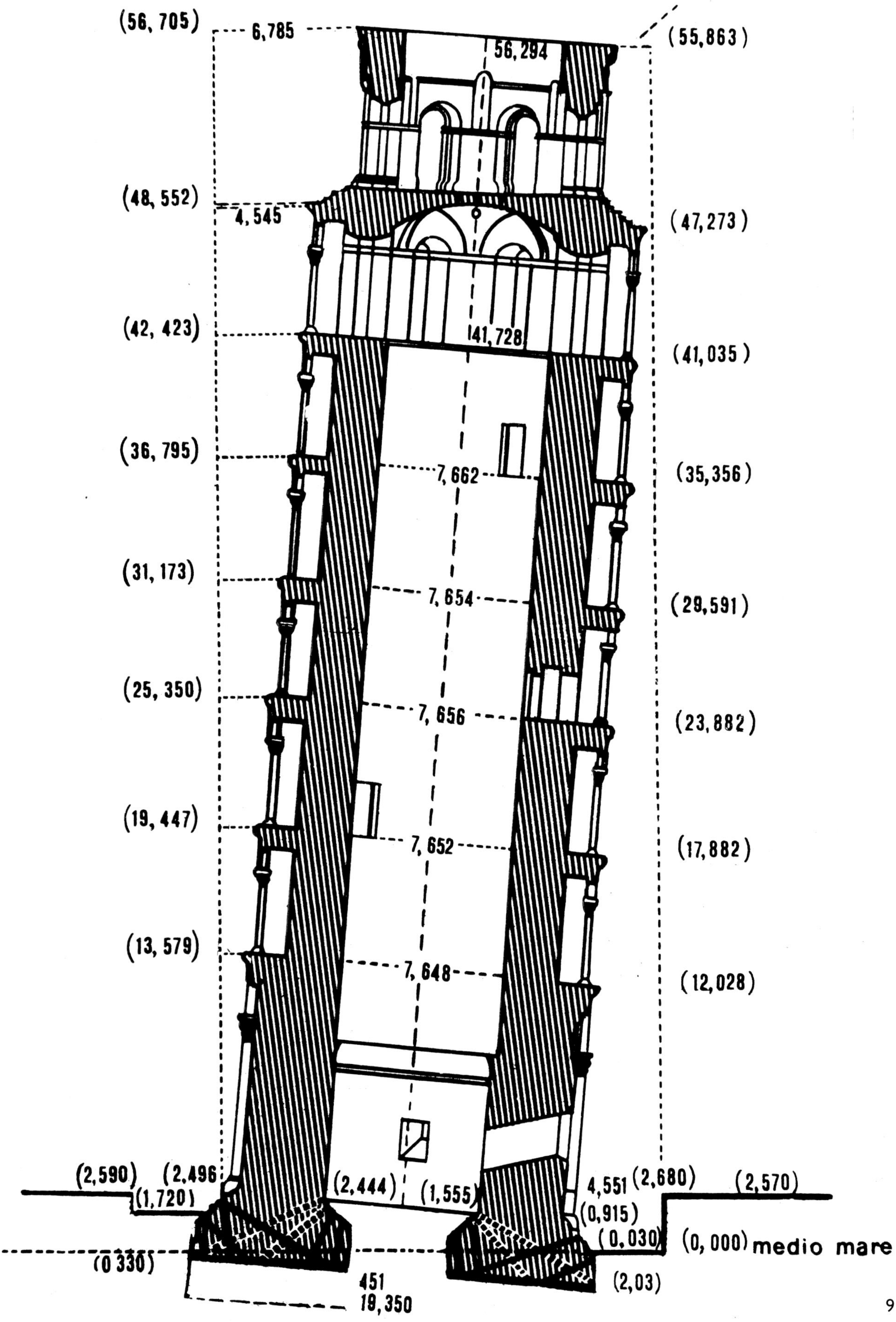
(56, 705)
6,785
56, 294
(55,863)
(48, 552)
4, 545
(47,273)
(42, 423)
41,728
(41,035)
(36, 795)
7, 662
(35,356)
(31, 173)
7, 654
(29,591)
(25, 350)
7, 656
(23,882)
(19, 447)
7, 652
(17,882)
(13, 579)
7, 648
(12,028)
(2,590)
(2,496)
(1,720)
(2,444)
(1,555)
4,551
(2,680)
(2,570)
(0,915)
(0,030)
(0,000) medio mare
(0 330)
451
19,350
(2,03)

Die Glockenkammer des Schiefen Turms; unten: ***Tierfiguren als Kapitellschmuck der Säulen an der Turmbasis***

Gegenüberliegende Seite: ***Der Schiefe Turm und die Domapsis***

Baues. Die Kriege gegen Genua, Florenz und Lucca verbrauchten die besten Energien der Pisaner. Die Arbeiten wurden 1275 von Giovanni di Simone wiederaufgenommen, der auch der große Baumeister der Kirche des Heiligen Franziskus und des Monumentalfriedhofs war. Im Jahr 1284 gab es aufs neue eine Unterbrechung: das Jahr der von Pisa gegen Genua verlorenen Seeschlacht bei der Insel Meloria. Schon 1319 war der Turm bis zum Glockenhaus gediehen. Dieses wurde von Tommaso Pisano nach 1350 hinzugefügt, und zwar mit außerordentlichem Feinsinn gelang es diesem, die vorherrschenden romanischen Bauelemente mit den gotischen des Endstadiums harmonisch zu vereinen. Die perimetralen Mauern des Gebäudes weisen an ihrer Basis eine Dicke von 4,09 Metern und am höchsten Punkte eine von 2,48 Metern auf. Der Schiefe Turm hat eine Höhe von 56,70 Metern. In einem jeden Jahr neigt er sich um einen weiteren Millimeter.

Das Problem der Stabilität des Schiefen Turms tritt in seiner ganzen Schwierigkeit zu Tage. Wir wollen hoffen, daß alsbald Sicherungsarbeiten für dieses berühmte Baudenkmal unternommen werden. Der Schiefe Turm ist der typischste Glockenturm Italiens. Bezüglich des Ursprungs der italienischen Glockentürme behaupten einige Kritiker, er sei islamischer Abstammung. Das heißt, wie der Muezzin von der Höhe seines Minaretts zum Gebet ruft, soll die Stimme der Glocken die gläubigen Christen aufrufen. Andere wieder behaupten genau das Gegenteil. Es waren vielleicht die Araber, die sich an den Glockentürmen christlicher Kirchen, im vorislamischen Syrien gang und gäbe, inspirierten. Unabhängig von solchen Polemiken, wird der Schiefe Turm Pisas von aller Welt bewundert. Vielleicht aber sind es die Italiener, die ihn ganz besonders lieben. Sehen sie doch in ihm eines der größten Symbole ihres herrlichen Vaterlandes.

Der Schiefe Turm

DIE KATHEDRALE

Die Vorderseite des Domes wurde von Rainaldo, dem letzten Nachfolger Buschettos, gebaut, und zwar in der zweiten Hälfte des XIII. Jahrhunderts. Oben, rechts von der Mitteltür, kann man ein lateinisches Epigraph entziffern: « Rainaldus prudens operator.... ». Die Mosaike der halbkreisförmigen Fenster wurden von Alessio Baldovinetti 1467 geschaffen und 1829 restauriert. Das Mittelmosaik zeigt eine Mariä Himmelfahrt, links die Heilige Reparata und rechts Johannes den Täufer. Zwei wunderschöne klassische Säulen flankieren das Mitteltor. Blindbögen, Pseudopilaster und Rosetten orientalischer Inspiration wandeln die Unterseite der Fassade ab. Der obere Teil hingegen wiederholt Vorbilder lombardischer Bogengänge, dominierendes Thema des Schiefen Turms auch, wie des weiteren noch an der Hauptapsis der Kirche selbst sichtbar. Die vierfache Ordnung der «Loggette» verjüngt sich von unten nach oben und bildet eine sehr suggestive Perspektive aus Bögen und Säulchen, ja, harmonisch und szenisch gleich dem musikalischen Kontrapunkt. Oben rechts, in der zweiten Galerie, kann man eine kleine Säule aus rotem, orientalischem Porphyr wahrnehmen. Sie wurde irgendwann aus Mallorca nach Pisa gebracht. Einer antiken, rührenden Legende nach scheint es, daß jeder, der die Säule anschaut, einen Tag lang sicher vor Verrat in den Liebe wäre.

Im letzten Bogen links der Fassade der Kathedrale haben die Pisaner ihrem Buschetto ein Ehrengrab gegeben. Der geniale Erbauer des Domes ist in einem römischen Sarkophag beigesetzt, denn es war Rom mit seinen Tempeln, woran er dachte, als er diese imposante Kathedrale entwarf. Das Epigraph über dem Sarkophag soll für die Ewigkeit von der Glorie des großen Architekten Zeugnis geben. Sein Grab, wie die Kathedrale auch, schauen nach Westen und zum Sonnenuntergang. Und es gibt auf dem ganzen Platz wirklich keinen anderen Punkt, wo das Farbenspiel der Sonnenuntergänge effektvoller wäre.

Querschiff und Apsis im Dom

Folgende Seiten: ***der Dom mit dem Schiefen Turm***

Das Epigraph am Grab Buschetos an der Domfassade; unten: ***Madonna mit dem Kind, den Evangelisten und Engeln, Statuen auf der Fassadenspitze***

Gegenüberliegende Seite: ***die Domfassade***

Die Lünette über dem Mittelportal mit einem Marienbild von Giuseppe di Modena da Lucca;
links: ***Detail der Kapitelle.***
Gegenüberliegende Seite: ***das Mittelportal***

Das Mittelportal der Kathedrale

Die ursprünglichen, von Bonanno Pisano 1180 ausgeführten Portale gingen 1595 in einer Feuersbrunst verloren. Der Florentiner Architekt Raffaello Pagni zeichnete, auf Bestellung des Großherzogs Ferdinand I., alle drei Portale neu. Zahlreiche florentinische Bildhauer, vermutlich Schüler von Giambologna, verwirklichten die Zeichnungen Pagnis. In den Füllungen des Mittelportals wird das Leben der Jungfrau beschrieben, während man in jenen der Seitenportale das Leben des Herrn bewundern kann. Man sagte besser schätzen denn bewundern, zumal diese Werke wohl weit von der Perfektion und stilistischen Vollkommenheit der « Porta del Paradiso » des Ghiberti am Baptisterium zu Florenz entfernt sind. Und sie sind zum andern auch ebensoweit vom ernsten Stil Bonanno Pisanos entfernt. Aber man beachte die Perspektive und die barocke Dekoration, die nunmehr die Dominante der italienischen Kunst sein wird. Im linken Teil des Mittelportals gewahrt man einige glänzende Figuren, wie zum Beispiel: einen Hund, einen Frosch und besonders zwei Eidechsen. Die Legende sagt, daß, wer sie berührt, Erfüllung seiner schönsten Träume und Wünsche findet.

CONSTITVITMIRE SOLLERTERETINGENIOS
DEORELEONISLIBERAMEDOMINEET

Lünette des Seitenportals mit der Darstellung Johannes' d. Täufers von Giuseppe di Modena aus Lucca;
unten: ***Details der Bronzetafeln des Mittelportals***

Die Porta di San Ranieri

Als Bonanno Pisano 1180 die Bauarbeiten am Schiefen Turm abbrechen mußte, widmete er sich der Herstellung der vier wundervollen Portale. Drei Tore waren für die Vorderseite, 1595 durch eine Feuersbrunst zerstört, eine weitere, noch heute existierende und gut bewahrte, die sogenannte Porta di San Ranieri, da sie zur gleichnamigen Kapelle führt. Es ist dies ein Werk hohen künstlerischen Werts, wohl weit entfernt jeder Vollendung, aber voll unsäglicher Poesie und Reinheit. Stark sind die byzantinischen Einflüsse, betrachtet man die asketisch strengen Figuren in den einzelnen Füllungen. Auf den Tafeln, welche die « Geburt Christi », die « Flucht nach Ägypten » und die « Kreuzigung » darstellen, findet man die Menschlichkeit, die Poesie und die Dramatik wieder, die den realen und konkreten Sinn der zweiten Hälfte der mittelalterlichen Bildhauerei in Italien ankündigen.

Rechts: ***Die Porta di San Ranieri von Bonanno Pisano;***
unten: ***die Porta di San Ranieri im Schnittpunkt von Mittel- und Querschiff***

Drei Ausschnitte aus den Bronzetafeln der Porta di San Ranieri mit Episoden aus dem Leben Christi, ein Werk von Bonanno Pisano

Gegenüberliegende Seite: ***Detail der Rautendekoration an der Domapsis***

Das Innere der Kathedrale

Als erstes der vier Bauwerke der Piazza dei Miracoli (der Platz der Wunder, von Gabriele d'Annunzio so genannt), wurde die Kathedrale 1063 begonnen. Es wurde wahrscheinlich als Baugrund jener Punkt gewählt, wo einstmals der Palast Kaiser Hadrians und nachher die Kirche der Heiligen Reparata standen. Die Kathedrale wurde 1118 von Papst Gelasius II. geweiht.

Ihr erster Architekt war Buscheto da Pisa, der vorher schon in Rom gearbeitet hatte. In der zweiten Hälfte des XIII. Jahrhunderts wurden die Arbeiten von Rainaldo wiederaufgenommen und zu Ende geführt; dabei wurde auch die herrliche Fassade vollendet. Der Dom wurde ungefähr zweihundert Jahre nach seinem Baubeginn vollendet. Es ist eine großartige Konstruktion mit fünf Schiffen. Die Kathedrale von Pisa gilt bis heute als eine der schönsten Bauten des Christentums. In ihren Ausmaßen, außerordentlich für die Zeit als sie entworfen wurde, kann die Kathedrale Pisas als lebendiges Symbol für die große Gläubigkeit der alten Pisaner und die wirtschaftliche Machtfülle ihrer Republik betrachtet werden. Die romanische nationale Kultur triumphiert und identifiziert sich in der Kathedrale von Pisa. Die weiten Rundbögen romanischen Stils, die schlanken und harmonischen Galerien lombardischer Inspiration fließen ineinander in nicht zu übertreffender Linienharmonie des Marmors und der Farben mit den Lisenen und Pseudopilastern, mit den Spitzbögen islamischen Ursprungs und der vielfarbigen Dekoration wie auch der schwarzen und weißen Streifen.

Diese Kathedrale ist eine der wenigen italienischen Kirchen, die in fünf Schiffe geteilt sind, wie es auch die antiken römischen Basiliken waren. Aber die überwältigende basilikale Gestalt der Kirche wird von einem neuen Element, dem Transept, quergeschnitten, und es entsteht so die Form des lateinischen Kreuzes. Die imposanten Säulen aus Granit, die die Bögen tragen, wurden aus Palermo als Kriegsbeute gebracht. Sie sind aus der Hauptmoschee jener Stadt, welche die Miliz der Seerepublik Pisa 1063 zerstört hatte. Die Kassettendecke ersetzt eine ursprüngliche, welche durch Brand im Jahre 1595 zerstört wurde. Es ist dies gewiß ein beachtenswertes Werk, jedoch zu aufdringlich im Vergleich zu den einfachen und strengen Linien des Pisaner romanischen Stils. Die Kuppel ist mit einer Himmelfahrt Mariens geschmückt. Ein Werk des Riminaldi, der 1631 an der Pest starb, ohne die Vollendung seines Werkes erlebt zu haben.

Links: ***Das Presbyterium der Kathedrale mit dem Hochaltar und der Apsisnische und einem Mosaik, das den Thronenden Christus zwischen der Jungfrau Maria und dem Heiligen Evangelisten Johannes darstellt***
Gegenüberliegende Seite: ***das Innere der Kathedrale***

Detail der Kanzeltafel mit der Darstellung des Bethlehemitischen Kindermords.
Gegenüberliegende Seite: ***die Kanzel von Giovanni Pisano***

Die Kanzel der Kathedrale

Das wichtigste erhaltene Kunstwerk im Innern der Kathedrale ist die von Giovanni Pisano zwischen 1302 und 1310 geschaffene Kanzel. Giovanni empfing sehr wohl Einflüsse aus der gotischen Stilrichtung der europäischen Bildhauerei. Ja, einige Kunsthistoriker sind der Ansicht, er habe auch in Frankreich gearbeitet. Und während dieser zweiten Periode der italienischen mittelalterlichen Bildhauerei hatte er es verstanden, der Welt Mitteilung zu machen vom glühenden, passionierten Charakter einer Stadt, einer Nation vielleicht, der so tragisch war, wohl auf seinen geschichtlichen Gehalt hin. Mit ihm eröffnen sich neue Horizonte der italienischen Bildhauerkunst: die Wege zur Renaissancebildhauerei sind definitiv offen. Indem er die Freiheit des Ausdrucks seines Vaters Nicola noch verstärkte, schuf Giovanni Pisano seinen herrlichen Herkules, eine völlig heidnische und nackte Statue. Daher darf behauptet werden, daß Giovanni Pisano, Lieblingssohn und Schüler des nicht geringeren Nicola Pisano, Schöpfer der Kanzel in der Taufkapelle, das Tor zu allen Kühnheiten der naturalistischen Schule öffnete, die später unmittelbar zur Renaissance überleiteten. Und es ist offenbar, daß die veristische Konzeption, angewandt von Giovanni Pisano, und erreicht durch Effekte des Helldunkels von so großer dramatischer Spannung, ihn zu einem der größten Vertreter der italienischen und europäischen Schule werden ließen. Giovanni Pisano wird in den darauffolgenden Jahrhunderten zum Vorbild für Jacopo della Quercia, Donatello und Michelangelo.

Der obere Teil der Kanzel besteht aus neun Bildfeldern die Geschichten aus dem Neuen Testament wiedergeben. Erste Tafel: Verkündigung und Heimsuchung, darüber, die Geburt Johannes' des Täufers. Zweite Tafel: Geburt Christi und Anbetung durch die Hirten. Dritte Tafel: Anbetung der Heiligen Drei Könige. Vierte Tafel: Darstellung im Tempel und Flucht nach Ägypten. Fünfte Tafel: Der Bethlehemitische Kindermord. Die sechste Tafel enthält: Beginn der Passion des Herrn, die in der siebenten Tafel durch die Kreuzigung endet. Die achte und neunte Tafel stellen das Jüngste Gericht dar. Der untere Teil setzt sich zum Großteil aus allegorischen Figuren zusammen, die den Glauben und dieTugenden synthetisieren. Die Qual, das Drama und die Tragödie Giovanni Pisanos finden ihre Bestätigung in dieser modernen Welt, die doch ebenso gequält und tragisch lebt. Wenige Monate, ehe er an sein großes Werk ging, schuf Giovanni Pisano noch eine überaus zarte Madonna mit dem Kinde für die Scrovegni, Herren von Padua. Und es war gerade zu Padua, wo Giovanni Pisano zwei Männer kennenlernte, die auf ihren Gebieten später hervorragende Künstler wurden. Sie heißen Giotto di Bondone und Dante Alighieri.

Kanzel: Tafel der Geburt Christi

In dieser Tafel erreichte Giovanni Pisano große Ausdruckskraft. Die Poetik der Liebe, delikate Linien einer glücklichen Hand. Voll des Dramas, das ihm innewohnte, fand Giovanni Pisano Akzente unendlicher Zartheit im äußerst mütterlichen Blick voller Süße der Madonna, die ihren Sohn ansieht. Aber Giovanni Pisano begrenzt seine Aufmerksamkeit nicht allein auf die Geburt Christi als Ereignis. Die einfache Welt voll des Wunders, die Welt der Demütigen und ihrer Güte bestätigt sich im Dialog der Hirten, die fast ungläubig vor dem großen Ereignis staunen: die Geburt des Erlösers. In der Stille der Nacht sind es wenige einfache Hirten, die zu reinsten und demütigsten Zeugen im Werk des Giovanni Pisano werden.

Kanzel: Tafel der Kreuzigung

Giovanni Pisano stellt in dieser Tafel die Qual und die Tragödie seiner eignen Seele und die seines Volkes, seines Landes dar. Diese Dramatik wird mit dem besonderen anatomischen Studium des Christus und der Verteilung der Gruppe darunter, der Frauen und der Jungfrau Maria, gebrochen durch den unsäglichen Schmerz, erreicht. Offenbar sind hier die Einflüsse der französischen gotischen Bildhauerei, in der Interpretation des gesellschaftlichen Dramas, das der Künstler gelebt hatte.

Kanzel: die Karyatiden

In der berühmten Marmorgruppe mit dem Weibe, das zwei Kinder säugt, mit darunter vier Statuen, kann man eine Allegorie der Kirche selbst sehen. Diese gibt das Leben durch das Neue und Alte Testament, dargestellt durch zwei Kinder, die sie im Arm hält. Die vier Statuen repräsentieren die vier Haupttugenden. Das theologische Gespräch des Künstlers ist von besonderer Klarheit. In diesem weiteren religiösen Thema verwirklicht der Künstler einen realistischen Ausdruck klarer toskanischer Anlage. Die maßvolle Komposition, der Rhythmus der Spatien, die Monumentalität der Gestalten erinnern an die wundervollen Fresken Giottos. Deshalb wird hier das Dekorative bis zu unbedeutenden Werten reduziert. Sie verlieren sich in der starken und sicheren Ausdruckskraft dieser berühmten Marmorgruppe, die voller Leben und Geistigkeit tiefer Kenntnis sowohl der Bildhauerei als auch der Theologie vibriert. Man darf wohl sagen, daß Giovanni Pisano in diesem Werke über seine eigene Zeit hinausgeht und bereits auf die Großen, auf Donatello und Michelangelo hinweist.

Der Galileo-Leuchter

In der Mitte des Hauptschiffs hängt dieser aus Bronze gegossene Leuchter, 1586 von Vincenzo Possenti nach einem Entwurf von G. B. Lorenzi geschaffen. Er wird allgemein als « Leuchter des Galileo Galilei » bezeichnet, da man überzeugt ist, der Wissenschaftler habe durch Beobachtung seiner Schwingungen das Gesetz des Isochronismus des Pendels herausgefunden.

Die Mosaiken

Das großartige Mosaik erinnert an die Tradition der venezianischen und sizilianischen Zyklen. Insbesondre von jenem Siziliens dürften die zahlreichen Künstler des Mosaiks der Kathedrale Pisas inspiriert gewesen sein.
Die Komposition stellt sich streng und ohne großes Pathos dar, der besten orientalischen Tradition folgend, mit jenem Sinn für Mysterium und Transzendenz, ein Charakteristikum, übrigens, eines großen Teils aller Malerei des Hochmittelalters.
Dies wird bewiesen durch den Christus Pantokrator den Allmächtigen, mit seiner bemerkenswerten Dekoration, so reich an Helldunkelwerten. Er thront sieghaft, erhaben und majestätisch im Zentrum, fürwahr ein Zusammenspiel ganz besondrer Farben und raffinierter Technik. Rechts davon der Evangelist Johannes, Cimabue zugesprochen. Leider wurde dieses Mosaik während des grossen Brandes im Jahre 1595 beschädigt.

Zwei Details des Mosaiks in der Apisisnische mit dem Thronenden Christus zwischen der Jungfrau Maria und dem Heiligen Evangelisten Johannes

Die Madonna mit dem Kinde

Toskanischer Manierist, Antonio Sogliani (1491-1544), schuf diese Madonna mit dem Kinde, dem Thema Raffaells folgend, indem er jener Süße und typischen Feinheit, wie sie Raffaello Sanzio eigen waren, Ausdruck verlieh.

Die Heilige Agnes

Dies ist eines der wichtigsten und berühmtesten Gemälde, die im Innern der Kathedrale bewahrt werden. In ihm werden alle in der Renaissance dominierenden Tendenzen der Malerei Italiens offenbar: Zeichnung, Farben, Athmosphäre. Andrea del Sarto war ein aufmerksamer Beobachter der Malerei Leonardos, es gelang ihm aber, seinen eigenen Werken eine persönliche Note zu geben, die vollkommen ist vom Gesichtspunkt sowohl der Technik als auch der Farbgebung. Ein großer Bewunderer der heiligen Agnes war der englische Dichter Robert Browning. Ihr widmete er eines seiner berühmten Bücher.

Das Denkmal für Heinrich VII. von Luxemburg

Die Grabmalkunst der Kathedrale findet ihre höchste Ausdruckskraft in dem von Tino di Camaino für den Luxemburger Kaiser Heinrich VII. geschaffenen Grabmal. Das Basrelief des Sarkophags stellt klassizistische Themen dar, wie sie bereits von Giovanni Pisano vorher experimentiert worden waren. Das tiefe Relief der Gestalten, der Helldunkel-Effekt der aufsteigt aus der Bewegung der Personen - die Zwölf Apostel bezeugen, daß der Künstler ein reiner Abkömmling der Pisaner Schule war. Heinrich VII. wurde 1312 in Rom zum Kaiser gekrönt. Von allen Städten Italiens war ihm Pisa die angenehmste. Hier wurde er nach seinem Tode in Buonconvento bei Siena im Jahre 1313 begraben. In der darüber befindlichen Nische gewahrt man zwei fein gestaltete Engel des Domenico Ghirlandaio.

Die Urne des San Ranieri

Der Schutzpatron der Stadt, der Heilige Rainer, ruht in einem großen Sarkophag hinter dem Altar der ihm gewidmeten Kapelle. Er starb 1161, und heute noch ehren die Pisaner Bürger sein Angedenken. Sein Körper wurde bis zum Jahre 1591 in einer viel einfacheren Urne bewahrt. Der heutige Sarkophag, der seine Gebeine birgt, ist ein Werk G. B. Fogginis aus dem Jahre1688. Am 17. Juni eines jeden Jahres, dem Todestag des Heiligen, Schutzpatron der Stadt, wird die Urne geöffnet, und die Reliquien werden zur Anbetung der Gläubigen ausgestellt.

Detail der Loggia des Baptisteriums mit Dekorationen von Nicola Pisano;
gegenüberliegende Seite: ***das Baptisterium***

DAS BAPTISTERIUM

Ein grandioser Rundbau mit einem Umfang von 107,25 Metern. Dieses Baptisterium wurde von Diotisalvi begonnen, der vorher eine andere Kirche der Stadt erbaut hatte. 34.000 Familien Pisas gaben spontan die Geldmittel, um zu erbauen, was später die größte Taufkapelle der Welt werden sollte. Oftmals wurden die italienischen Taufkapellen außerhalb der Kirchen gebaut, vielleicht weil die Ungetauften keinen Eintritt haben durften. Man weiß nichts genaues über den Fortgang des Baues. Andererseits vermutet man aufgrund der Verschiedenheit der beiden Baustile, des gotischen und des romanischen, daß über längere Zeit hinweg und mit Unterbrechungen gearbeitet wurde. Es ist wohl gewiß, daß sein erster Architekt Diotisalvi war, der 1153 den Entwurf anfertigte und die Fundamente legte. Die Außendekorationen des Baptisteriums, unzweifelhaft gotisch, können Giovanni Pisano zugerechnet werden, zumal man weiß, daß er in den Jahren 1277-1284 an dieser Taufkapelle arbeitete. Die beiden das Haupttor der Taufkapelle flankierenden Säulen sind klassischer Inspiration. Byzantinischer Inspiration, hingegen, sind die beiden etwas innerhalb befindlichen Säulen. Unbekannte sizilianische Meister schufen den Architrav und auch die kleinen Tafeln auf den beiden Seiten des Tores. Interessant sind die dargestellten Monate des Jahres in ihrer einfachen Ausdrucksweise.

Das Innere des Baptisteriums

« 1053 Mense Augusti fundata fuit haec... » kann man am ersten Pilaster vom Eingang rechts lesen. Der Name des « Diotisalvi magister... » indessen ist am ersten Pilaster links lesbar. In der Mitte des Baues befindet sich das wundervolle Taufbecken mit Bildhauerarbeiten von Guido Bigarelli da Como aus dem Jahre 1246. Dieses achteckige Taufbecken kontrastiert mit der vollkommen runden Form des Baptisteriums. Wir können hinzufügen, daß das pisanische das einzige runde Baptisterium Italiens ist. In den kleinen seitlichen Becken wurden die Kinder nach altem Brauch durch Eintauchen getauft. Die Erwachsenen hingegen taufte man im großen Mittelbecken. Heutzutage benützt man immer noch das Taufbecken, wiewohl man vom Eintauchen abgekommen ist. Der Johannes der Täufer im Mittelpunkt des Taufbeckens ist das Werk eines Zeitgenossen, des bemerkenswerten Italo Griselli. Interessant ist auch der akustische Effekt aufgrund der vollkommenen Rundheit der Kuppel. Eine Demonstration des Phänomens kann der Wächter des Baptisteriums geben.

Links; ***Johannes d. Täufer von Italo Griselli;*** unten: ***das Taufbecken, ein Werk von Guido Gibarelli da Como.*** Gegenüberliegende Seite: ***das Innere der Taufkapelle***

Die Kanzel des Baptisteriums

Sie ist ein Werk Nicola Pisanos. Die Abstammung dieses großen Bildhauers ist sehr widersprüchlich. Er wurde in den ersten Jahren des XIII. Jahrhunderts geboren und starb nach dem Jahre 1278. Er schuf sein Meisterwerk für Pisas Taufkapelle in den Jahren 1255 bis 1260. Und die Pisaner sind stolz darauf, ihn als « Sculptore de Pisis » zu bezeichnen, zumal er unabhängig von seiner Herkunft seine außerordentliche künstlerische Reife erst in Pisa fand. Die Kanzel als Meisterwerk zu bezeichnen, ist das einzig Mögliche, denn in ihm findet sich die Seele und das Herz Nicola Pisanos wieder, der später als größter Erneuerer der italienischen Bildhauerei bezeichnet werden wird. Niemandem vor ihm war es gelungen, dem Bildhauerwerk einen so definitiven und daher so renaissancehaften Ausdrucks zu geben. Während die romanischen Meister vorherrschend von der Architektur bestimmt und ihr untergeordnet waren, entzieht Nicola Pisano seine Figuren der Romanik und belebt sie durch Bewegung, indem er zugleich den Geist erneuert. Die Liebe zu seiner Heimat, die unvergeßliche Magnifizenz Roms und daher seiner Stadt, die nichts weniger als « Colonia Julia obsequens » genannt wurde, leiteten Nicola Pisano dahin, die klassischen Formen der antiken Skulpturen zu studieren. Daher sind die von Nicola Pisano geschaffenen Madonnen Gestalten, die an römische majestätische Matronen und griechische und römische Göttinnen erinnern. Dies kann man besonders an der ersten Tafel der Kanzel sehen, auf der die Geburt Christi dargestellt ist, wie auch an jener zweiten mit der Anbetung der Heiligen Drei Könige. Zwischen diesen beiden Tafeln, im unteren Teil, gestützt durch ein Kapitell, kann man ein Detail von größtem Interesse wahrnehmen: ein kleiner Akt in der Glorie seiner anatomischen Erschaffung: den Herkules. Gewiss hatte Nicola Pisano sich das Studium der Anatomie des menschlichen Körpers zur Aufgabe gemacht;

Zwei Details der Kanzelreliefs: Darstellung im Tempel (oben) ***und Anbetung der Könige*** (rechts)

offenbar war die Zeit hierfür noch nicht reif genug. Aber in ihm brannte der Wunsch, sich in verschiedenartiger Weise ausdrücken zu können, so, wie es niemand anderem vor ihm gelungen war. Die Reife und Freiheit seiner Ausdrucksweise verwundern noch heute. Bemerkenswert sind die anderen Tafeln, und zwar die Darstellung im Tempel, die Kreuzigung, und das Jüngste Gericht. Nach sieben Jahrhunderten lebt Nicola Pisano immer noch in seiner ganzen Größe, mit dem Geiste des modernen Menschen und in der Unruhe, etwas Neues sagen und schaffen zu wollen, wohl aber in größter Ausdrucksfreiheit. Mit ihm gewinnt die Skulptur einen verschiedenartigen Aspekt, weil er neu ist. Und es entsteht daraus dann die Bildhauerei Giovanni Pisanos, Jacopo della Quercias, Donatellos, Michelangelos.

Kanzel: der Akt des Herkules

Es war die klassische Kunst, die Nicola Pisano immer wieder in seinen Werken wie in seiner Persönlichkeit beeinflußt hatte. Der anatomische Herkules ist das Präludium im Äußerlichen der antiken Formen, die der große Meister wieder zum Leben erweckte. Er, in seiner instinktiven Freiheit, als Bürger der freien Republik, hat seine Zeit herausgefordert, unbeschadet aller stumpfer Absichten, die die ihn umgebende Welt grau und statisch gestalten wollten. Das klare und heitere Bewußtsein Nicola Pisanos ist auch der Gedanke, der unbestritten um 1200 dominiert. Nicola Pisano kehrt absichtlich mit seinem Herkules zu den klassischen Formen zurück, indem er Themen auf von ihm studierten Fundstücken insbesondre pflegt, die speziell in den Details auf dem Sarkophag Phädras und der großen Vase des Griechischen Bacchanals im Monumentalfriedhof zu finden ist. Deshalb war das Konzept des ehrfürchtigen Aberglaubens gegenüber der heidnischen Welt für immer untergegangen. Dies bestimmt auch in der Folge den mächtigen Auftrieb für einen kulturellen Fortschritt der mittelalterlichen Welt in Italien und, vielleicht, in Europa. Unbeschadet jeder.wilden Kritik, ohne alle Polemik, schuf Nicola Pisano seinen Herkules, um seine Freiheit in die Welt hinauszuschreien, Zeugnis zu geben von seinem großen kulturellen Unabhängigsein, als unruhiger, lebhafter, moderner Mensch.

Der Portikus des Dommuseums mit den Büsten aus der Außenloggia des Baptisteriums

MUSEO DELL'OPERA DEL DUOMO

Das Gebäude, in dem das Dommuseum untergebracht ist, steht an der Südostecke des Piazza dei Miracoli genannten, besonnten Wiesenplans, auf den man einen überwältigenden Blick von der oberen Loggia genießt, die den ehemaligen Kreuzgang umgibt.
Das Gebäude war ursprünglich als Wohnung der Domkanoniker entstanden und diente später verschiedenen Zwecken. Die heutige Form geht auf das frühe XVII. Jahrhundert zurück, als es vollständig umgebaut wurde, um das Bischöfliche Seminar aufzunehmen; später ging es in Privatbesitz über, wurde 1784 Sitz der Akademie der Schönen Künste und Wohnung des Literaten Giovanni Rosini, bis im Jahre 1887 die Kapuzinerinnen hier einzogen und den Komplex in ein Klausurkloster verwandelten.
1979 wurde es schließlich von der Opera della Primaziale gekauft, um hier ein Dommuseum einzurichten, das 1986 eröffnet wurde. Die hier zusammengetragenen Schätze und zahlreichen Kunstwerke zeugen von der komplexen Geschichte des Erzbischöflichen Sitzes in Pisa wie auch von den weltbekannten Baudenkmälern und der Kultur- und Kunstgeschichte der Stadt.

Das Museum beherbergt im Erdgeschoß und im Portikus den ältesten und berühmtesten Kernbestand der gesamten Sammlung, das heißt die Skulpturen vom XII. bis XVII. Jahrhundert, darunter Meisterwerke von Nicola und Giovanni Pisano, von Tino di Camaino und von Nino Pisano. In einem Saal mit angrenzender Kapelle wird hingegen der Domschatz aufbewahrt, eine Sammlung mit Kirchengerät und kostbaren Gegenständen der mittelalterlichen Kathedrale, wie die berühmte Elfenbein-Madonna von Giovanni Pisano und die Silberschmiedearbeiten aus dem XVI. bis XIX. Jahrhundert. Der Museumsrundgang setzt sich nach didaktischen und chronologischen Kriterien im ersten Stock fort, wo sich einige Skulpturen und Gemälde vom XVI. bis XIX. Jahrhundert befinden, ferner Holzintarsien aus der Renaissance, mittelalterliche Buchmalereien, Paramente, Meßgewänder und Altartücher, eine Sammlung mit ägyptischer, etruskischer und römischer Kunst und schließlich eine graphische Abteilung mit den berühmten Radierungen von Carlo Lasinio, des ersten Konservators des Camposanto Munumentale aus dem XIX. Jahrhundert.

Islamischer Bronzegreif und Bronzebecken

Die Beziehungen der Seestadt Pisa zum Orient, einem seit jeher umstrittenen, aber insgeheim bewunderten heidnischen Land, werden in den Manufakten der islamischen Produktion verkörpert, die vermutlich als Spolien und Kriegsbeute hierher gebracht wurden.

Das Echo der großen Reisen in den Fernen Osten und der Beziehungen zu einer fremden fernen Welt, die Erinnerung an blutige Kriege und langjährige Militärexpeditionen, aber vielleicht auch an friedliche Handelsbeziehungen, kommen ganz stark in diesen Gegenständen zum Ausdruck, bei denen es sich nicht nur um Siegestrophäen handelt, sondern auch um sichtbare Zeichen des ewigen Gedenkens an wichtige und wertvolle Kontakte zu einer ausländischen Zivilisation mit reicher Kultur.

Unter diesem Gesichtspunkt sind die beiden außergewöhnlichen Exponate islamischer Herkunft zu betrachten: der bronzene Greif, ein Werk der Fatimidenkunst, und ein Bronzebecken.

Der Greif ist eine monumentale Plastik aus dem XII. Jahrhundert und stand bis zum vorigen Jahrhundert auf der Spitze des Apsisgiebels der Kathedrale, das heißt an der wichtigsten Domseite, die auch den Blickfang darstellt, wenn man von der Stadt kommt. Über die Herkunft dieses herrlichen Symboltieres ist nicht viel bekannt, und es mag dahingestellt sein, ob es sich um eine Kriegsbeute aus der Zeit der Kreuzzüge oder um ein Geschenk irgendeines arabischen Fürsten handelt; sicher ist, daß die imposante Skulptur von ihrem Volumen her an die islamisch-iranische Kunst erinnert.

Der zweite berühmte Fund ist ein Metallbecken, das reich verziert ist mit gravierten Dekorationen, Widmungen am Rand und in Medaillons enthaltenen zoomorphen Darstellungen; es gehört möglicherweise der Seldschuken-Dynastie des XII. Jahrhunderts an. Das kunstvoll gearbeitete Becken gilt in Expertenkreisen als Werk von außergewöhnlichem Interesse.

Weibliche Statuen ohne Kopf

Zwei Meisterwerke der Kunst Giovanni Pisanos stellen die beiden aus einem Block gemeißelten, kopflosen Figuren aus Verrucano-Marmor dar.
Die erste ist eine wunderschöne Frauengestalt ohne den rechten Arm, die in der linken Hand ein Gefäß hält. Die sich ausgleichenden plastischen Massen verdichten sich um eine vertikale Achse, die der schreitenden Figur Halt und Harmonie verleiht, wobei durch die besondere Körperdrehung eine fast schwebende Bewegung entsteht.
Vibrierende Lebendigkeit und Spontaneität strahlt die andere, von Giovanni meisterlich gestaltete weibliche Figur aus, die mit beiden Händen das Gewand leicht anhebt, um einen Tanzschritt anzudeuten.

Holzkruzifix aus dem Dom

Ein wunderschönes Werk ist der monumentale Christus aus farbigem Holz, der bis zu dem verheerenden Brand von 1595 im Presbyterium der Kathedrale hing.
Bei der vermutlich aus dem XII. Jahrhundert stammenden Skulptur handelt es sich mit Sicherheit um eine Kreuzabnahme, die zu einer ähnlichen Gruppe gehört, wie sie derzeit noch in der Pieve von Vicopisano und im Dom zu Volterra zu sehen sind.
Einer alten Legende zum Trotz, von der Pisaner Historiker berichten und nach der diese Christusfigur aus der Gegend von Palästina stammen soll, ist dieses herrliche Kruzifix mit seinen eindrucksvollen, strengen Zügen und den schlichten Linien, die keine Dekoration zulassen, französischen Ursprungs.
Das Kruzifix stellt eines der größten Meisterwerke der Bildhauerkunst jener Zeit dar, vor allem aufgrund der Bedeutung der Proportionen und der feinen Ausarbeitung. Das Kunstwerk besitzt eine besondere Ausstrahlung, die hervorgehoben wird durch den Gegensatz zwischen rhythmisch skandierten plastischen Massen einerseits, die den Körper Christi vorwiegend in der Diganolen vom Kreuzhintergrund abheben und diesem dramatische Züge verleihen, und der überaus feinen Modellierung der Linien andererseits, die fast mit einem Grabstichel eingeritzt zu sein scheinen und die Oberfläche mit einer zarten Zeichnung versehen.
Wenn man den eleganten Faltenwurf des Lendenschurzes, die kaum angedeutete Zeichnung der Rippen auf dem Brustkorb, das feierliche Antlitz voll tiefen menschlichen Leidens und den krassen Gegensatz zu den stilisierten, stark verlängerten Gliedmaßen beobachtet, wird deutlich, daß dieser vom Kreuz abgenommene Christus, majestätisch und feierlich zugleich, mit seiner asketisch-geistigen Ausstrahlung eher den zeitgenössischen Meisterwerken der burgundischen Bildhauerei nahesteht.

Madonna del Colloquio

Es handelt sich um eine der wohl ältesten Madonnenfiguren von Giovanni Pisano (um 1280), die in ihrer Komposition stark von der feierlich-klassischen Würde Nicolas abweicht und deutlich gotische Züge annimmt.
Das Jesuskind verharrt in einem stillen Gespräch der Liebe mit der Mutter und fühlt sich geborgen auf ihrem Arm; durch die leicht zurückgelehnte Haltung versucht es, sein Gesicht noch besser in ihr Blickfeld zu rücken.
Mit dem Thema des stummen Zwiegesprächs durch Blicke (von daher die Bezeichnung des Werkes) gelingt es Giovanni Pisano, dem psychologischen und geistigen Aspekt der Mutter-Kind-Beziehung einen neuen Stellenwert zu geben.
Mit ihrem heiteren und ungemein zarten Profil ist die Madonna del Colloquio höchster plastischer Ausdruck einer Mutter, die tiefste Menschlichkeit ausstrahlt und ihr Kind anbetet, von dem sie wiedergeliebt wird.

Die Elfenbein-Madonna

Die Elfenbein-Madonna, die Giovanni Pisano gegen Ende des XIII. Jahrhunderts schuf, gehört zu den berühmtesten und kostbarsten Kunstwerken des Museums.
Dem Künstler, der die Krümmung des Elefantenzahns genial nutzte, ist es hier gelungen, dem Werk eine starke Dynamik zu verleihen, ohne die hieratisch-sakrale Bedeutung zu mindern. Bemerkenswert ist die meisterhafte Ausführung der eleganten Figur.

Der etruskische Löwe

Über den Ursprung des Löwen auf dem höchsten Punkt der mediceischen Mauern gibt es die verschiedensten Meinungen der Experten. Einige von ihnen sehen in diesem Werk absolute etruskische Kunst, andere wieder meinen ein Werk romanischen Stils mit orientalischem Einschlag vor sich zu haben. Gewiß ist jedoch, daß die Kraft dieses großen Löwen mit seinen plastischen Linien und der Beherrschtheit seiner Dimensionen sehr wohl an eine Stadt, an einen Staat erinnert, in dem der Handel die Politik bestimmte.

Der jüdische Friedhof und die Synagoge

Ein antiker jüdischer Friedhof existierte schon in der Gegend der Porta Nova. Aber ab dem XVIII. Jahrhundert begann die jüdische Gemeinde Pisas, ihre Toten in diesem Winkel des Friedens und heiterer Abgeschiedenheit zu begraben. Der Name des seefahrenden Pisa wurde in den fernen Ländern des Orients geachtet und gefürchtet. Es war natürlich, daß viele Pisaner mit kleinen Gemeinden der Juden in Ländern, die sie besuchten, in Berührung kamen. Die ersten Juden, von denen man in Pisa weiß, lebten ab 1165 hier.
Sie bewohnten den Stadtteil « Chiasso dei Giudei », am Rande der übrigen Bevölkerung. Aber zwischen dem XIV. und XV. Jahrhundert gewann die jüdische Gemeinde Pisas großen wirtschaftlichen Einfluß dank seiner verdienstvollen sich damals formenden Bankiers. Im Jahre 1492 wurden aus Spanien flüchtige Juden liebevoll in

Das Innere der Synagoge

Pisa aufgenommen. Die nachfolgenden Jahrhunderte brachten eine weitere Entwicklung der Gemeinde mit sich, so daß bereits ab der zweiten Hälfte des vergangenen Jahrhunderts tausend jüdische Bürger, fleißig und lebhaft, Handel treibend oder studierend, in dieser Stadt wohnten. Erst die Rassegesetze konnten die israelitische Gemeinde zerstören, was ein schwerer Verlust für Pisa war. Heute bilden hundertzwanzig überlebende Juden eine sehr kleine religiöse Gemeinschaft, treue Hüter einer Tradition und einer religiösen Welt, auf die sie stolz sind. Die Synagoge, einfach und verhalten, wurde im späten XVIII. Jahrhundert gebaut. Hier vereinen sich die Pisaner Juden seit zwei Jahrhunderten zur Sammlung und zum Gebet.

DER MONUMENTALFRIEDHOF

Das in chronologischer Reihe auf der Piazza dei Miracoli errichtete letzte Bauwerk ist der « Camposanto Monumentale » - der Monumentalfriedhof. Giovanni di Simone war der Architekt dieses grandiosen Bauwerks. Er begann seine Arbeit im Jahre 1278. In diesem Bau, unter den gedeckten Galerien, finden noch heute verdienstvolle und illustre Pisaner ihre letzte Ruhestätte. Im Jahre 1284 wurden die Arbeiten wegen des Krieges gegen Genua unterbrochen. Auch Giovanni di Simone fiel in jener tragischen, verlorenen Seeschlacht der Meloria mit Tausenden anderen Pisanern. Er ruht für immer im Tyrrhenischen Meer, nicht ferne seiner geliebten Vaterstadt. Daher wurden die Arbeiten am Monumentalfriedhof um vieles später vollendet, und zwar zu einem Zeitpunkt, als die Gotik bereits ihre ursprüngliche Reinheit verloren hatte. Im Jahre 1464 vollendete man die Ornamentierung der Bögen. Damit war der Bau vollendet und abgeschlossen. 1944 trafen zwei fremde Armeen in einer fürchterlichen Schlacht aufeinander. Männer anderer Nationen, anderer Kulturen, verschiedener Zivilisation, begriffen vielleicht nicht völlig die universelle Wichtigkeit der Bauten auf dem Domplatz. Am 27. Juli trafen Artilleriegeschosse den Monumentalfriedhof. Die Schäden waren enorm. Das Dach wurde völlig zerstört, und das durch die Feuersbrunst geschmolzene Blei der Decke floß, über die Fresken. Diese, um derentwillen der Monumentalfriedhof vor allem so berühmt war, wurden dabei schwer beschädigt. Der ehrwürdige Camposanto Monumentale von Pisa, der Christina von Schweden, Franz Liszt und Theophile Gauthier inspiriert hatte, schien für immer verloren. Die italienische Kultur und die der ganzen Welt beweinten den Verlust dieses berühmten Bauwerkes. Ab 1945 bis praktisch heute wurde ein grandioses Restaurierungswerk in Szene gesetzt, insbesondere für die Fresken. Im Lichte der bis heute erlangten Resultate darf man sagen, daß der Monumentalfriedhof wieder so ist, wie er einst war.

Die Fresken des Camposanto wurden ab dem Jahre 1380 ausgeführt: ihr Zyklus wurde erst drei Jahrhunderte später vollendet. Das Fresko ist eine von Italienern erfundene Technik, um Wände zu bemalen.

Dabei wurde die zu bemalende Wand mit Kalk und grobem Sand besprengt; man nannte dies « arriccio ». Dann trug man eine weitere Schicht Kalk und feinen Sand auf, über die dann die « sinopia », die erste Rötelzeichnung trocken aufgetragen wurde. In der Folge trugen die Meister nun ihre eigenen Farben auf einer neuen Schicht fetten Kalks und feinen Sandes auf, indem sie langsam die Rotkreidezeichnung überdeckten. Nach der Katastrophe der Kriegsereignisse wurden die Fresken mittels einer völlig neuen Methode buchstäblich von den Wänden abgezogen.

Außenbau des Camposanto Monumentale

Das Tabernakel auf dem Friedhofsgebäude

Als anmutige gotische Dekoration des Monumentalfriedhofs unterbricht das Tabernakel die fast zu einheitliche Linie des Baues. In seinem Innern gewahrt man die Jungfrau thronend zwischen vier Heiligen und einer knienden Gestalt, alle in Anbetung begriffen. Dieses Werk wurde von einem Nachfolger Giovanni Pisanos im XVI. Jahrhundert geschaffen und erinnert noch immer an die unnachahmliche Grazie des großen Meisters.

Das Bombardement des Camposanto

Fast am Ende des zweiten Weltkriegs, am 27. Juli 1944, als Pisa ununterbrochen bombardiert wurde, fiel eine Granate auf das Dach des Camposanto Monumentale und verursachte einen verheerenden Brand, den aufgrund fehlender Löschmittel niemand aufhalten konnte. Das Blei, mit dem das Dach bedeckt war, schmolz und floß wie glühende Lava über die Wände des Camposanto und zerstörte die Kunstwerke, die uns die großen Meister der Vergangenheit hinterlassen hatten. Viel ist der Mühe und dem selbstlosen Einsatz all derer zu verdanken, die sich am Wiederaufbau und an der Restaurierung dieses Kunsterbes, das unwiderbringlich verloren schien, beteiligt haben.

Auf den beiden vorausgehenden Seiten: ***der Innenhof des Camposanto mit der Kuppel der Cappella Dal Pozzo***

Links: ***die Kuppel der Kapella Dal Pozzo;*** unten: ***zwei Statuen in der Nördlichen Galerie.***
Gegenüberliegende Seite: ***Sarkophag aus römischer Zeit und antiker Sarkophag mit Geschichten aus dem Mythos der Phädra und des Hippolytos*** (Nördliche Galerie)

Die Ketten

Dies sind Reste jener Ketten, die ehedem zur Sperrung des Hafeneingangs dienten. Sie waren als Kriegstrophäen von den Florentinern und Genuesen während deren Inkursionen entwendet worden. Nach der Unabhängigkeit Italiens wurden sie Pisa spontan zurückerstattet.

Die Sarkophage

Im Monumentalfriedhof kann man wunderbare römische Sarkophage bewundern, die in verschiedenen Epochen in Pisa wiederaufgefunden wurden. Man hat diese Kunstwerke mit Beginn des XIX. Jahrhunderts im Friedhof aufgestellt. Der interessanteste der Sarkophage befindet sich in der nördlichen Galerie. In ihm wurde 1076 die Gräfin Beatrix, die Mutter der Markgräfin Mathilde von Toskana, beigesetzt. Gräko-lateinische Skulpturen zieren ihn.

Sehr beachtenswert ist das klassische Bas-Relief das den Sarkophag schmückt. Wie bei allen solchen Sarkophagen ist das Thema mythologisch. Dargestellt ist hier die Geschichte Phädras, einer bewundernswerten und tragischen Gestalt der griechischen Welt. Eine wollüstige Frau, die es verstand, Männer intensiv zu lieben. Sie war aber auch pervers und verliebte sich in ihren Stiefsohn Hippolytos. Dieser hatte die Kraft, sie abzuweisen und wurde deshalb von ihr beschuldigt, sie vergewaltigt zu haben. Hippolytos wurde mit dem Tode bestraft. Phädra, in ihrer Verzweiflung, erhängte sich. Von Euripides bis Racine, von Sophokles bis D'Annunzio, inspirierte diese Tragödie, so typisch griechisch in der Anlage, Generationen von Dichtern und Künstlern. Das Bas-Relief des Sarkophags im Monumentalfriedhof vermittelt das Gefühl, man sei in einer heidnischen Welt. Dennoch sind wir andererseits bereits in der Zeit frühchristlicher Gemeinden, und daher kommt es, daß die klassische Welt langsam verändert wird. Die Auflösung dieser Zivilisation führt die Kunst zu stilisierenden und verwesentlichenden Methoden.

Nicola Pisano wurde lange von diesem Kunstwerk inspiriert, ehe er daranging, seine wundervolle Kanzel der Taufkapelle zu schaffen.

Ausschnitt aus dem Triumph des Todes mit der Darstellung der Reiterszene

Die Fresken

Nicht alle Fresken sind ausgestellt. Viele davon sind noch in der Kapelle dal Pozzo des Friedhofs aufbewahrt und warten darauf, in einem noch zu errichtenden Museum untergebracht zu werden. Im Augenblick kann man im Innern des Friedhofs die Werke Taddeo Gaddis, Piero di Puccios, Spinello Aretinos und Benozzo Gozzolis, des größten der Meister, bewundern. Benozzo Gozzoli ist demnach auch der große an die Nördliche Galerie anschließende Saal gewidmet. Sehr beachtenswert sind die Rötelzeichnungen und Studien des großen Florentiner Meisters. In einem andern Saal erwartet uns das furchterregende und allegorisch bedeutsame Werk eines unbekannten Pisaner Meisters: Der Triumph des Todes, das Jüngste Gericht, die Hölle. Weit weniger dramatisch ist das Fresko der Anachoreten von Thebais. In den ersten drei Fresken entrollt sich das mittelalterliche Drama in seiner ganzen Tragödie, beseelt von religiösem Eifer, und strahlt noch heute tief berührenden Pessimismus dem Leben gegenüber aus. Es ist nicht der Triumph des Lebens, sondern der des Todes, welcher über des Menschen Schicksal hereinbricht. Und diese Menschen dort werden dann noch zum Jüngsten Gericht Lohn oder ewige Verdamnis empfangen. Und solche Verdamnis muß sie in die apokalyptischen Visionen der Hölle, mit ihren Qualen, ihren Schmerzen ohne Ende, stürzen.

Detail des Jüngsten Gerichts

Das Ablösen der Fresken

Über die Fresken wird eine sehr leichte Leinwand geklebt, die mit in warmem Wasser löslichem Tierleim imprägniert ist. Nach einer gewissen Zeit des Trocknens wird die Leinwand regelrecht « abgerissen », daher der Name des Verfahrens: Abreißmethode - a strappo. Mit der Leinwand wird auch die Farbschicht abgenommen. Offenbar ist nun die Farbe selber nicht zu sehen, zumal nur die Rückseite der Farbschicht sich unseren Augen darbietet. Die solcherart abgenommenen Fresken werden nun auf eine mit einer feinen Baumwollgaze belegte Eternitplatte übertragen. Zum Schluß wird die Leinwand mittels einer Lösung entfernt und die Fresken werden wieder sichtbar.

Die Rötelzeichnungen werden zum Zeitpunkt des Abreissens der Fresken sichtbar. Sie sind von oft größerer Wichtigkeit als die Fresken selbst. Erstere wurden von den Meistern allein geschaffen, während die Fresken größtenteils von deren Schülern ausgeführt wurden. Es ist gewiß, daß die Ausdrucksfreiheit und die Reinheit der Linien, die außerordentliche Dynamik der Gestalten in diesen Zeichnungen ein Symbol höchster Mal- und Zeichenkunst bedeuten. Daher wurden auch diese Rötelzeichnungen nach der vorher geschilderten Methode abgenommen, um sie den Kunsthistorikern in den Sälen des Monumentalfriedhofs zeigen zu können.

Der Eingang zum Sinopienmuseum

MUSEO DELLE SINOPIE

Das Sinopienmuseum ist gegenwärtig in einem Flügel des ehemaligen Ospedale di Misericordia untergebracht, das zwischen 1257 und 1286 nach Plänen des Architekten Giovanni di Simone gebaut wurde. Dieses Hospital bestand bereits vor dem Monumentalfriedhof und wurde dann in der ersten Hälfte des XIV. Jahrhunderts an der Südseite des Domplatzes erweitert.

Das Hospitals hat eine kuriose Baugeschichte, die an ein historisches Ereignis geknüpft ist, das sich im Jahr 1241 an der tyrrhenischen Küste zutrug. Einige Schiffe, die anläßlich eines vom Papst für die Absetzung Kaiser Friedrichs II. einberufenen Konzils mehrere Kardinäle nach Rom beförderten, wurden von der ghibellinischen Flotte Pisas gefangengenommen; in einer Urkunde sprach Papst Gregor IX. deshalb die Exkommunikation für die gesamte Stadt aus, die erst widerrufen wurde, als die Pisaner den Grundstein für das Hospital legten, um damit ihre schwere Schuld öffentlich einzugestehen und feierlich Buße zu tun.

Obgleich dieses Gebäude im Laufe der Jahrhunderte und vor allem im XIX. Jahrhundert stark verändert worden ist, bewahrt es noch seinen besonderen Reiz mit der langgestreckten, breiten Backstein- und Natursteinfassade, mit der die herrliche Piazza dei Miracoli abschließt. Der Bau wirkt wie eine schlichte, elegante Kulisse vor der Reihe von Verkaufsständen, wo ein buntes Warenagebot ständig Touristen anlockt, die auf der Suche nach einem Souvenir von der Stadt sind.

Infolge einer rigorosen Restaurierung, bei der die Originalstruktur des Gebäudes erhalten werden konnte, wurde 1979 das heutige Museum eröffnet, das dazu bestimmt ist, die aus dem Camposanto Monumentale stammenden Sinopien aufzunehmen und zu bewahren.

Bei den Sinopien handelt es sich um die Vorentwiirfe für die Fresken, die direkt auf die Wand gezeichnet wurden, da vor allem im XIV. Jahrhundert Papier noch nicht in großen Mengen beziehungsweise auch kein anderes leicht transportierbares Material zur Verfügung stand.

Die Entwürfe wurden abschnittweise direkt auf den aus rohem Kalk und grobem Sand bestehenden, auch "arriccio" genannten Verputz gemalt; hierzu verwendete man einen Pinsel, der in eine besondere ockerrote Substanz getaucht wurde; diese kam aus der Stadt Sinope in Kleinasien, nach der die Farbe benannt ist (es gibt allerdings auch Entwürfe, die mit grüngelber Erdfarbe und mit Kohlestift ausgeführt wurden).

Die Sinopie wurde dann mit einer dünnen Schicht aus grobem Kalk und feinem Sand bedeckt, bis alle Teile fertiggestellt waren, und verschwand damit vollends unter dem anschließend ausgeführten eigentlichen Freskogemälde.

Die Sinopien traten nur infolge eines tragischen Ereignisses erneut ans Licht. Während des zweiten Weltkrieges explodierte am Abend des 27. Juli 1944 eine Granate auf dem Friedhof und verursachte einen verheerenden Brand, der einen Großteil der Fresken verwüstete und die wenigen verbliebenen in so schlechtem Zustand hinterließ, daß man sie entfernen mußte, um sie zu restaurieren. So

Detail der Verkündigung von Benozzo Gozzoli

kamen beim Ablösen der Fresken diese wunderschönen Entwürfe zum Vorschein, die mit der gleichen Technik auf Eternitplatten fixiert und dann in einer eigens hierfür bestimmten Abteilung des Museums zusammengetragen wurden.

Die Sinopien sind in der Geschichte der mittelalterlichen Kunst von außerordentlicher Bedeutung, da sie von den großen Meistern eigenhändig geschaffen wurden, im Gegensatz zu den Fresken, die später teilweise von Schülern und Gehilfen ausgeführt wurden.

Die Sinopien geben daher die Freiheit und schwungvolle Linienführung des Künstlers wie auch eine Spontaneität in der Komposition und Ausführung wieder, die das greifbare Ergebnis einer Malkunst auf höchstem Niveau darstellen.

Das Obergeschoß

Das Obergeschoß des Museums enthält die Tafeln mit den interessantesten und ältesten Sinopien, die sich auf die Geschichten der Heiligen Väter, das Jüngste Gericht, die Hölle und den berühmten "Triumph des Todes" beziehen und alle von einem großen unbekannten Künstler ausgeführt wurden, den der Kunstkritiker Luciano Bellosi in den '5Oer Jahren mit Buonamico Buffalmacco identifizierte.
Dieser bedeutende Florentiner Maler zeichnet mit sicherer Hand und elegantem Strich seine Figuren, die sich besonders auf der langen Tafel mit dem Triumph des Todes von dem unebenen Verputz deutlich abheben. Die Reinheit der menschlichen Züge, die feine Linienführung in der Zeichnung der Pferde und der anderen Tiere, der große Kampf der Engel und Teufel zeigen deutlich, daß wir es mit einem hervorragenden Künstler zu tun haben, der im Rahmen des eher einheitlichen Panoramas der Malerei des XIII. Jahrhunderts, die stark durch den Einfluß Giottos geprägt war, nicht unbedingt die herkömmliche Malweise und Regeln des großen Meisters zu übernehmen scheint, sondern die Tradition teilweise von innen heraus mit originellen Erfindungen erneuert. Es ist deshalb sehr interessant, die Sinopie mit dem eigentlichen Fresko zu vergleichen, insofern als die vom Künstler eingebrachten Veränderungen und auch die formalen Lösungen, auf die man später verzichtet, sichtbar werden, kurz die gesamte mühsame, dynamische und spontane Entwurfsphase als Grundlage für einen Freskenzyklus, der gleichsam die Summa, das Kompendium der mittelalterlichen Welt darstellt.
Dieser Eindruck verstärkt sich noch bei der Betrachtung der Sinopien zur Himmelfahrt mit der traditionellen Darstellung Christi in der von vier Engeln getragenen Mandel. Die Zeichnung drückt eine geistige und zugleich tief menschliche Schönheit wie auch eine feierliche Anmut aus, die später durch das Auftragen der Farbe in der Phase der Freskomalerei teilweise verlorengeht.
Ebenfalls im ersten Stock, an der Ostwand, befindet sich die Sinopie der Kreuzigung, das erste Wandgemälde des großen Freskenzyklus, den der Pisaner Künstler Francesco Traini (132O-3O) ausführte. Obgleich der Mittelteil der Sinopie fehlt, ist die Komposition noch deutlich erkennbar, und bei genauerer Untersuchung kommen in diesem Entwurf die große Meisterschaft des Künstlers, der sich an Simone Martini und Lippo Memmi inspiriert, möglicherweise stärker zum Ausdruck als in dem entsprechenden Fresko.
So verleiht die Figur des Gekreuzigten Christus, der in schräger Haltung dargestellt ist, der Komposition besonderen Nachdruck; die gleiche Dramatik zeigen auch die Züge des auf die Brust gesunkenen Antlitzes, das noch im Tod seine Sanftheit bewahrt, der hohle Unterleib, der das Leiden unterstreicht, wie auch die wunderschönen Engelsfiguren mit ausgebreiteten Flügeln, die blind vor

Ausschnitt aus dem Triumph des Todes

Schmerz wie irre um das Kreuz zu fliegen scheinen. Weiter unten dann die Figuren der Anwesenden, die tiefbewegt dem ganzen dramatischen Geschehen beiwohnen.
An der Nordwand kann man hingegen einige kleinere Sinopien von vier Künstlern bewundern, die zu den größten florentinischen Malern des XIV. Jahrhunderts gehören, und zwar Taddeo Gaddi, der Lieblingsschüler von Giotto, der zwar die Malrichtung des großen Meisters verfolgte, jedoch seine Studien über die Perspektive vertiefte und die Geschichten Hiobs schuf; Andrea Bonaiuti, der Schöpfer der Geschichten des hl. Ranieri; Spinello Aretino, von dem die Episoden des hl. Ephisius und des hl. Potitus stammen, und schließlich Antonio Veneziano, dem es gelang, zwischen der mit Giotto verwandten traditionellen Schule und der Miniaturmalerei Bologneser Herkunft eine sinnvolle Synthese zu finden.
Die Sammlung im Obergeschoß schließt mit der großen Sinopie zum Ptolemäischen Weltbild ab, das heißt die Entstehung des Universums, dargestellt anhand von konzentrischen Kreisen ptolemäischer und augustinischer Ableitung; das Werk stammt von Piero di Puccio da Orvieto, einem Künstler, der nur wegen seines Freskenzyklus im Camposanto bekannt ist (im Erdgeschoß sind auch die wunderschönen Entwürfe zur Marienkrönung und zu den ersten Geschichten der Genesis zu sehen) und hier seinen genialen Stil und seine Vorliebe für architektonische Kompositionen offenbart, bei denen sich das wohlüberlegte Konzept der Räume und Proportionen mit seltsam verzerrten Perspektiven verbindet.

Blick in den Saal im Erdgeschoß

Das Erdgeschoß

Im Erdgeschoß befinden sich die Sinopien von Benozzo Gozzoli, die jedoch vollkommen anders sind und auch eine ganz andere Bedeutung haben als der im ersten Stock bewahrte Zyklus.

Zur Zeit Benozzos war der Gebrauch von Papier schon ziemlich verbreitet und deshalb waren die Künstler nicht gezwungen, die gesamte Zeichnung in Form einer Sinopie auf den Kalkbewurf zu übertragen.

Die Wand wurde dadurch gewissermaßen zu einem großem Buch, zu einer Art "Notizblock", wo Meister und Schüler ihre Ideen zur Komposition und Anlage des Freskos aufzeichneten. Das ist auch der Grund, weshalb diese Sinopien so besonders reizvoll sind; es sind Skizzen und Vorentwürfe mit einer Vielfalt von Anmerkungen über den Alltag, der uns in die Atmosphäre jener Zeit zurückversetzt und uns zugleich wichtige Hinweise vermittelt über die vom Künstler angewandten Techniken, der sich nicht nur für den Aufbau großer und komplizierter Perspektiven, sondern auch für das Aufskizzieren menschlicher Figuren der Mathematik und Geometrie bediente.

Der Museumsrundgang endet mit einer Sammlung von aquarellierten Zeichnungen von Giampaolo Lasinio, dem Sohn des ersten Konservators des Camposanto Monumentale, anhand derer man sich eine deutlichere und genauere Vorstellung von einem der bedeutendsten Zyklen der europäischen Wandmalerei des XIV. und XV. Jahrhunderts machen kann.

Porträt des Galileo Galilei, ein Werk Sustermans

Gegenüberliegende Seite oben: ***die Kugelkörper, mit deren Hilfe Galileo das Fallgesetz ableitete; unten links: die Geburtsurkunde Galileos und das Galileische Teleskop, das im Museo della Scienza in Florenz aufbewahrt wird.***

Seite 72 und 73: ***die Trajansthermen, auch Thermen des Nero genannt***

Galileo Galilei (1564-1642)

Er wurde am 14. Februar 1564 in Pisa, wahrscheinlich in dem dichtbesiedelten Bezirk Sant'Andrea fuori Porta, geboren. Er studierte Medizin, Philosophie und Mathematik am Pisanischen Athäneum.

In seiner Stadt beschäftigte sich Galileo hauptsächlich mit mathematischen Studien.

Im Innern der Kathedrale, als er die Schwingungen des Leuchters im Mittelschiff beobachtete, hat er das Gesetz des Isochronismus des Pendels beobachtet. Einige Jahre später führte er von der Höhe des Schiefen Turms Experimente über den Fall der Körper durch und behauptete, daß die Fallgeschwindigkeit gleich sei für alle Körper, einerlei, welches Gewicht diese hätten.

Galileos Experimente bewegten sich jedoch wesentlich im Bereich der Physik und Astronomie.

Er lehrte an der Universität von Padua vom Jahre 1592 bis 1610. Galileo arbeitete an einem Instrument, das man später das galileische Teleskop nannte. Nachdem er den Himmel mit seinem Teleskop abgesucht hatte, machte er zahlreiche Entdeckungen, und zwar: Meere und Berge auf dem Mond, die vier Satelliten Jupiters, denen er, zu Ehren der Medici von Florenz den Namen « Mediceische Sterne » verlieh. Am 12. März 1610 veröffentlichte er seinen « Sidereus Nuncius », mit dem er der Welt seine Entdeckungen mitteilte, und im Juli desselben Jahres ernannte ihn Cosimo II. dei Medici zum Primarius für Mathematik am Athenäum zu Pisa, ohne ihn zu Vorlesungen oder zum Domizil zu verpflichten. Nach 18 Jahren glücklichen Aufenthalts in Padua zog er sich nach Arcetri bei Florenz zurück.

Im Jahre 1632 veröffentlichte er seinen « Dialog über die Maximalen Systeme », in welchem er den Theorien des Kopernikus folgte und die Kugelform der Erde und deren Lauf um die Sonne vertrat. Dies ist eines der fundamentalen Werke in der Geschichte der Geisteswissenschaften. Es war kein einfaches Traktat über Astronomie und Physik, sondern ein Werk, das mit Vorurteilen und falschen Vorstellungen der Wissenschaft jener Zeit aufräumte und die wahre Methode der Naturforschung und der Erforschung unseres und andrer Planeten nachwies.

Die Veröffentlichung einer solchen Schrift erweckte den Zorn des Römischen Collegiums, welches Galileo zwang, sich dem Sant'Uffizio am 12. April 1633 vorzustellen. Am 22. Juni desselben Jahres, nach langen Verhören und Drohungen, wurde Galileo, bereits enttäuscht und moralisch gebrochen, gezwungen, sein Werk zu widerrufen. Im Dezember erhielt er dann die Erlaubnis, nach Arcetri, in eine beschränkte Freiheit, zurückzukehren. In diesem Exil starb der nunmehr erblindete Wissenschaftler am 8. Januar 1642.

D. E
1564.
1572.

Die Fassade der Kirche S. Caterina auf dem gleichnamigen Platz; links: ***Detail der Fensterrose.***
Gegenüberliegende Seite oben: ***die Jungfrau mit dem Kind, Mosaik der Portallünette;*** unten links: ***Grabdenkmal für den Erzbischof Simone Saltarelli, ein Werk von Nino Pisano, und buntes Kirchenfester im Innenraum***

SANTA CATERINA

Die Kirche der Heiligen Katharina wurde auf ausdrücklichen Wunsch des Heiligen Dominikus errichtet, und zwar um das Jahr 1220. Sie ist der Heiligen Katharina gewidmet, die in der Stadt Pisa ihre Stigmata empfing. Im Jahre 1311 schuf der berühmte Simone Martini für diese Kirche sein wundervolles Polyptychon, das nun im Nationalmuseum aufbewahrt wird. Dieses Werk gilt universell als das schönste Malkunstwerk des XIV. Jahrhunderts.

DIE ABTEI DES SAN ZENO

Bereits im X. Jahrhundert existierend, mit angeschlossenem Kamaldulenser-Kloster, wurde die Abtei des Heiligen Zenon während des letzten Krieges beschädigt. Das vor kurzem restaurierte Kloster spiegelt verschiedene Stilepochen wider.

Die Fassade der Abbazia di San Zeno

Palazzo dei Cavalieri oder della Carovana;
rechts: ***Denkmal für Cosimo I. de' Medici von Pietro Francavilla***

DIE PIAZZA DEI CAVALIERI

Die Piazza dei Cavalieri ist einer der schönsten und harmonischsten Plätze Italiens.
Hier befand sich in antiken Zeiten das Forum der Colonia Romana und das politische mittelalterliche Zentrum, wo die Pisaner sich zu demokratischen Debatten vereinten, um die Probleme des Lebens der Freien Gemeinde zu diskutieren. Auf diesem Platz wurden die Stunden des Triumphes der Republik im Jahre 1406 gefeiert. Es war jedoch auch der Platz, wo der Kommissar der Florentiner Republik das Ende der Pisaner Unabhängigkeit verkündete. Der Platz zeigt renaissancehafte Züge, zumal dies der Wunsch der Medici und ihres Architekten Giorgio Vasari war.
Im Jahre 1561 gründete Cosimo I. dei Medici, Großherzog der Toskana, den heiligen Militärorden von Sankt Stephan. Dieser Orden ließ die Kirche der Cavalieri erbauen, und zwar in den Jahren 1565 bis 1569. Der Entwurf stammt von Vasari, aber andere florentinische Architekten arbeiteten mit dem großen Meister zusammen. Dies ist die einzige Renaissance-Kirche der Stadt, wo der romanische Stil ungehindert dominiert; in ihrem Innern bewahrt man türkische

Fahnen, die in hitzigen Seeschlachten von den Cavalieri di Santo Stefano erbeutet und als Kriegstrophäen nach Pisa gebracht wurden. Am 7. Oktober 1571 kämpften die Pisaner Ritter heldenhaft und ernteten großen Ruhm in der Schlacht von Lepanto, die entscheidend für das Geschick der Christenheit war.

Der Palast nächst der Kirche der Cavalieri wurde von Vasari erneuert. Darin wurden die Ritter militärisch geschult. Auch die Graffito-Malerei der Fassade ist ein Werk Vasaris und seiner Schüler. Gegenwärtig ist der Palast Sitz der Scuola Normale Superiore - der Hochschule - die 1810 von Napoleon gegründet wurde. Diese Hochschule, von der Universität unabhängig, hat besonderen Charakter, das heißt, ausschließlich Studenten mit besonderen Fähigkeiten und Verdiensten dürfen hier studieren. Dies war die Schule manch illustrer Männer, wie zum Beispiel Giosué Carduccis, großer italienischer Dichter der Moderne, erster Nobelpreisträger Italiens im Jahre 1906. Die unzweifelhaft größten Wissenschaftler dieser Schule waren Bruno Pontecorvo und Enrico Fermi. Beide waren Freunde und Schulkameraden. Ersterer emigrierte nach Rußland, letzterer in die Vereinigten Staaten Amerikas, wo er nach Jahren der Forschung die erste nukleare Kettenreaktion auslöste.

Nebenstehend: ***das Wappen der Ritter des Stephans-Ordens;*** unten links: ***zwei Büsten von Großherzögen der Toskana in den ovalen Fassadennischen des Palazzo dei Cavalieri***

Fassadendetail des Palazzo dei Cavalieri;
unten: ***der Palazzo dell'Orologio***

Fassade der Kirche Santo Stefano dei Cavalieri

SANTO STEFANO DEI CAVALIERI

Cosimo I. de' Medici, Großherzog der Toskana, veranlaßte den Bau der Kirche von Sankt Stephan über der vorhandenen Kirche des Heiligen Sebastian. Der große Florentiner Architekt, Giorgio Vasari, begann seine Arbeit im Jahre 1565. Vier Jahre später wurde die Kirche geweiht. Das Innere der Kirche birgt manche Werke Vasaris und des Fancelli, welchem man die Kanzel zurechnet. Bemerkenswert sind die türkischen Fahnen, die an den Hauptwänden der Kirche angebracht wurden, nachdem man sie als Kriegstrophäen, besonders von Lepanto, nach der berühmten gleichnamigen Seeschlacht, nach Pisa gebracht hatte. Wundervoll und majestätisch ist der Hauptaltar, eine Stiftung des Großherzogs Cosimo III. In dem selben Altar ruhen die Gebeine des Heiligen Papstes Stephan, die Papst Innozenz XII. dem obenerwähnten Großherzog zum Geschenk machte. Im Jahre 1427 schuf Donatello ein bemerkenswertes Kunstwerk aus vergoldetem Kupfer: den San Rossore. Dieses Werk kann man an der Rückseite des Altars sehen.

San Francesco

Die Kirche des Heiligen Franziskus wurde in der zweiten Hälfte des XIII. Jahrhunderts oder Anfang des Jahres 1300 vollendet. Der Bau wird Nicola oder Giovanni Pisano zugerechnet.

Rechts: ***Detail des Außenbaus der Kirche San Francesco;***
unten: ***Innenraum***

Die Fassade der Kirche San Sisto; links: ***Innenraum***

SAN SISTO

Die zu Ehren des Heiligen Sixtus 1070 errichtete Kirche ist ein schlichter Bau aus Naturstein. Der Allgemeine Rat der Gemeinde hielt darin seine Versammlungen zum Zeichen der Freiheit und Unabhängigkeit ab.

SAN FREDIANO

Die Kirche sehr alten Ursprungs (XI.-XII. Jahrhundert) wurde im XVII. Jahrhundert radikal umgebaut. Die Fassade weist ein schlichtes Ornament mit einer Reihe von Bögen im unteren Abschnitt und ein Zwillingsfenster im oberen Teil auf. Im Inneren bewahrt sie einige Gemälde aus dem XVI. Jahrhundert, ein Kruzifix des XIII. Jahrhunderts und eine byzantinisch anmutende, schöne Madonna mit Kind (XIII. Jahrhundert), die in der Sakristei aufgestellt ist.

Rechts: ***die Fassade der Kirche San Frediano;***
unten: ***Innenraum***

Die historische Aula Magna im Universitätsgebäude;
links: ***Epigraph mit einer Widmung an den Dichter Giosué Carducci in der Hofloggia der "Sapienza"***

DIE UNIVERSITÄT

Eine erste Rechtsschule existierte in Pisa bereits im XII. Jahrhundert. Im darauffolgenden Jahrhundert begann man, auch Medizin zu lehren. Das Studienzentrum Pisa wurde von Papst Klemens IV. im Jahre 1343 und von Kaiser Karl IV. im Jahre 1350 bestätigt. Das Gebäude, welches heute vom Zentralsitz der Universität eingenommen wird, wurde 1493 erbaut und 1550 verändert. Der große Wissenschaftler Galileo Galilei studierte und lehrte in diesem Athenäum und erstellte die Grundlagen zur modernen experimentellen Physik.

DER TURM DES CAMPANO

Der « Campano », so genannt wegen der großen Glocke, die sich auf diesem Turm, in der Nähe des Lebensmittelmarktes befindet, ließ im XVIII. Jahrhundert die tiefe Stimme seiner Glocke ertönen, um am Morgen die Studenten zu den Lektionen der nahen Universität zu rufen.

DER PALAZZO ALLA GIORNATA

Er gehörte der Pisaner Familie Lanfreducci; heute ist er Sitz des Rektorats der Universität. Ein bemerkenswertes Beispiel bürgerlicher Renaissance-Architektur.

Rechts: ***Torre del Campano;*** unten: ***der Palazzo "alla Giornata"***

DER PALAZZO AGOSTINI

Der Palazzo Agostini wird auch Palazzo dell'Ussero genannt. Er ist einer der ältesten Paläste der Stadt und wurde zu Beginn des XV. Jahrhunderts erbaut. Seine Dekorationen sind gotisch, sein Material Backstein. Mit dem XV. Jahrhundert verfeinerten die Pisaner ihre Sitten. Anstelle der alten « Casa Torre » - Turmhäuser - traten elegante Paläste, Zeichen einer neuen Zeit. Einer der ersten war der Palazzo Agostini. Unlängst wurde der Palast restauriert, wahrt aber seinen ursprünglichen Glanz; seine eleganten Linien und seine harmonische Form prägen den Charakter und der Arnoufer mit. Wie andere Gebäude der Stadt, neigt sich der Palast nach rechts, wenn man ihn von vorne betrachtet, ebenfalls wegen des nachgebenden Baugrunds. Heute ist im Parterre das Caffé dell'Ussero untergebracht, das 1794 eröffnet wurde. Besonders während des letzten Jahrhunderts war dieses Café Treffpunkt von Generationen von Studenten der nahen Universität.

DER PALAZZO TOSCANELLI

Dieser Palast gehörte der alten Familie Lanfranchi die Dante Alighieri in seiner « Göttlichen Komödie » zitiert. Von den Toscanellis im XVI. Jahrhundert restauriert, - einige Gelehrte behaupten, Michelango habe die Fassade entworfen-, residierte hier 1822 Lord Byron und schrieb einen Teil seines berühmten Don Juan. Zur selben Zeit wohnte in einem anderen, während des letzten Krieges zerstörten Palast, und zwar auf der gegenüberliegenden Seite des Arnoflusses, Percy B. Shelley.

Die Kirche San Matteo, daneben der Eingang zum Nationalmuseum

Folgende Seiten: ***der Kreuzgang des Museo Nazionale San Matteo***

DAS NATIONALMUSEUM SAN MATTEO

Das Museo Nazionale di Pisa ist unzweifelhaft eines der interessantesten Museen Italiens und vielleicht ganz Europas. Einige hier bewahrte Kunstwerke sind geradezu einzigartig. Die großartigen Meisterwerke Giovanni Pisanos und Andrea Pisanos würden genügen, um dieses Museum berühmt zu machen. Besonders ist die primitive pisanische Malerei hervorzuheben. Giunta Pisano und der große, unbekannte Meister von San Martino sind hier mit ihren besonderen Werken als Vorläufer Cimabues und des Duccio di Buoninsegna vertreten. Simone Martini schuf 1313 sein außergewöhnliches Polyptychon, das seinerzeit für die Kirche Santa Caterina bestimmt war, hier aber aufbewahrt wird. Dieses Werk muß ohne Zweifel den Hauptwerken der italienischen Malerei des Trecento zugerechnet werden. Auch die Madonna del Latte von Nino Pisano ist ein Bildhauerwerk voll außerordentlicher Zartheit und einzig in seiner Art. Unter den weiteren Hauptwerken des Museums ist Masaccios machtvoller San Paolo hervorzuheben. Höchst interessant ist auch die Gobelin-Sammlung und die Abteilung der Buchmalereien.

Das Kruzifix des Giunta Pisano

Giunta Pisano wurde zu Beginn des XIII. Jahrhunderts in der Nähe von Pisa geboren. Seine Werke datieren aus den Jahren von 1229 bis 1254. Von diesem großen Pisaner Meister existieren nur ganz wenige Werke. Desungeachtet ist das Werk im Nationalmuseum von Pisa, ausnahmsweise vom Meister signiert, die höchste Ausdruckskraft dramatischer Spannung und Interpretation, um Giunta Pisano als einen der großen Exponenten romanischer Malkunst zu qualifizieren. Der vortrefflichste Interpret des Menschen Christus, des Menschen, der in unendlicher Demut leidet, des Christus Patiens.

Das Kruzifix des Berlinghieri

Dieser Meister aus Lucca, Berlinghiero Berlinghieri, darf für das XIII. Jahrhundert als idealer Interpret des Christus Triumphans bezeichnet werden. Er ist erfüllt von der transzendentalen byzantinischen Kunst voller Mysterium und feierlicher Askese; sein Werk strahlt in höchstem Maß den Läuterungsgedanken und tiefe Vergeistigung aus.

Gegenüberliegende Seite: ***Madonna mit Kind und Geschichten aus ihrem Leben, ein Werk des Maestro di San Martino***

Madonna mit Kind und Heiligen von Simone Martini

Die Madonna del Latte

In seinem Werk « Stillende Madonna » wird Nino Pisano von tiefer Zartheit für die Formen erfüllt, Emanation seines fundamental gotischen Charakters. Und dies bedeutet: die nicht stehende Position der Jungfrau, Dynamik der Gestalt, nur der leicht Anflug eines Lächelns. Nino Pisano wurde mehr als durch seinen Vater Andrea positiv von Giovanni Pisano beeinflußt. Die « Stillende Madonna » ist das Hauptwerk Ninos, das er während der ersten Hälfte des XIV. Jahrhunderts für die Chiesa della Spina schuf. Äußerst lieblich in seiner Ganzheit, ist dieses Werk von verfeinerter Eleganz Ausdruck des plastischen Gleichgewichts der toskanischen und insbesondere der Pisaner Bildhauerei. Der heitere, verhaltene Gesichtsausdruck, die tiefe Geistigkeit des Werks mit seinen gleichmäßigen Linien, die sich fast unmerklich durch das ganze Werk Nino Pisanos ziehen, machen ihn zum menschlichsten aller Künstler Pisas.

Der Heilige Paulus

Tommaso di Messer Guidi, genannt Masaccio, hieß der junge Maler, der 1426 in Pisa wirkte. Das Polyptychon, welches er für die Pisaner Kirche del Carmine schuf, verteilt sich heute auf fünf Museen: National Gallery in London, Bildersammlung Lanckoronsky in Wien, Federizianisches Museum in Berlin, Museo Nazionale in Neapel und Museo Nazionale in Pisa. Das dort ausgestellte Bildnis des Heiligen Paulus ist vielleicht der ausdrucksvollste Teil des zerlegten Polyptychons. Dieses machtvolle Werk ist vielleicht das Beste, was dieser begabte und jung verstorbene Meister mit seiner leidenschaftlichen Veranlagung zur Malerei zu bieten hatte. Von ihm verliert sich schon 1428 jede Spur. Masaccio befreit sich herrisch von der dekadenten Gotik und drängt seine Kunst mit aller jugendlichen malerischen Kraft auf, eine Kunst, wo nur er selbst als Hauptdarsteller wirkt. Es wäre schwierig, Masaccio eine künstlerische Richtung zuzuerkennen. Vielmehr sollten wir den einsamen Masaccio als höchsten Ausdruck der Übergangszeit zwischen der gotischen und humanistischen Malerei betrachten. Vielleicht war der einzige Künstler, der Masaccio zu inspirieren vermochte, Brunelleschi, an dessen Perspektiven sich manche Künstler anlehnen. Der Heilige Paulus im Nationalmuseum, in seiner monumentalen Größe und Stärke, mag mit seiner inneren Kraft die tiefe Menschlichkeit ausdrücken, welche von dem dekadent gotischen Symbolismus und der typischen Idealisierung abweicht. So trägt er die Gestalt des Heiligen Paulus auf eine Ebene des reinen Realismus, undenkbar und fast revolutionär in seinem Ausdruck, so volkstümlich, deshalb authentisch und echt. Der Heilige Paulus ist für Masaccio vorerst der Mann, der in seiner Zeit lebt. Und in seiner Zeit manifestiert der neue Mensch die Kraft seines Erdenwegs, in der Wirklichkeit der neuen Zeiten.

Oben links: ***Madonna mit Kind von Gentile da Fabriano und der hl. Sebastian und der hl. Rochus von Domenico Ghirlandaio***

Kampf zwischen Riesenschlangen und Putten, ein Werk von Spartaco Carlini.

Der Künstler lebte in der ersten Hälfte des Jahrhunderts in Pisa. Bescheiden, einfach und Feind jeder Art von Publizität und Äußerlichkeiten, fand er Trost und Inspiration in der Tiefe seiner Gefühlswelt. Er ist vielleicht der berühmteste Maler Pisas in den letzten hundert Jahren.

DIE KIRCHE SANTO SEPOLCRO

Man vermutet, daß sie in der zweiten Hälfte des XII. Jahrhunderts von Diotisalvi für die Templer errichtet wurde. Sie erinnert in ihrem Gesamtbild an ein anderes Bauwerk in Pisa: die Cappella di Sant'Agata. Auffallend ist der Unterschied zur traditionellen pisanischen Baukunst.

Die Kirche San Sepolcro.
Gegenüberliegende Seite: ***Kraftvolle Pfeiler tragen die hohe Kuppel im Innern der Kirche***

Die Silhouette der Kirche Santa Maria della Spina am Lungarno; links: ***Teilansicht des Innenraumes der Kirche.*** Gegenüberliegende Seite: ***die Fassade***

DIE KIRCHE SANTA MARIA DELLA SPINA

Ursprünglich befand sich diese kleine Kirche unter dem heutigen Straßenniveau. 1871 wurde sie, wegen andauernder Infiltrationen von Wasser, Stück für Stück abgetragen und auf der neuen Straßenhöhe wiedergebaut. Jener zur Uferstraße zeigende Teil der Kirche der Dornenkrone ist der am reichsten dekorierte. Am oberen Rand kann man dreizehn Tabernakel bewundern, die die Statuen Jesu Christi und der Zwölf Apostel enthalten. Dieses Werk wird der Schule Giovanni Pisanos zugerechnet. Noch höher oben, in den Nischen und auf den Giebeln, findet man weitere Statuen von Engeln und Heiligen, die so diese gotische Architektur um ein weiteres bereichern. Die große Rosette der Fassade ist eine Kopie des Originals, das sich im Nationalmuseum befindet. Zweifellos ist aber die Marmorgruppe der Madonna mit den Engeln, in der unteren Nische der Fassade, original. Dieses bedeutende Werk stammt aus der Schule Giovanni Pisanos.

Vorausgehende Seite: ***die Fassade der Kirche San Paolo a Ripa d'Arno.***
Oben: ***Detail der Dekorationen über dem Hauptportal;***
rechts: ***die Kapelle Sant'Agata mit achteckigem Grundriß***

SAN PAOLO A RIPA D'ARNO

Diese Kirche ist vielleicht die älteste Pisas. Sie wurde um das Jahr 805 errichtet. Ein glänzendes Beispiel der pisanisch-romanischen Baukunst, stellt diese Kirche des Heiligen Paulus am Arnoufer noch heute aufgrund ihrer großartigen Schönheit einen einmaligen architektonischen Komplex dar. Hinter der Kirche des Heiligen Paulus befindet sich die kleine Kapelle der Heiligen Agathe, die nach der Schlacht von Palermo im Jahre 1063 erbaut wurde. Der graziöse achteckige Ziegelbau wird von einem hohen Spitzturm gekrönt.

Die mediceischen Arnoufer

Die Zitadelle

Die Zitadelle oder das Arsenal der Republik ist heute nicht viel mehr als eine bescheidene Erinnerung an das, was effektiv einmal das Arsenal Pisas war. Moderne Straßen, Autolärm und Düsenjäger lassen dennoch nicht die fleißigen Schiffszimmerleute vergessen, die im Mittelalter jahrzehntelang ihre wertvolle Arbeit der pisanischen Flotte widmeten. Vielleicht existierte bereits im XIII. Jahrhundert dieses Arsenal. Türme und Mauern wurden zur Befestigung und Verteidigung dieser Anlage erbaut, wo die mutigen Kapitäne mit ihren Schiffen Halt machten, ehe sie sich auf ihre Reisen in die Levante, nach den wunderreichen Häfen des Orients begaben. Als die Florentiner 1406 die Stadt erstmals eroberten, befestigten sie das Arsenal zusätzlich, um vor jedem Angriff geschützt zu sein.

Die Zitadelle, überragt von der Torre Guelfa; unten: ***das alte Arsenal, wo die Galeeren der Pisaner Flotte ausgebessert wurden (XIII. Jahrhundert)***

Die Apsis der Basilika San Pietro a Grado; links: ***Blick in das Innere der Basilika***
Gegenüberliegende Seite: ***der Innenraum mit dem Ziborium und den Resten der frühchristlichen Kirche***

DIE BASILIKA SAN PIETRO A GRADO

Sie erhebt sich majestätisch und feierlich in der Stille der pisanischen Landschaft und besticht durch die Einfachheit der architektonischen Linienführung. Dies ist ein herrliches Beispiel einer romanischen Basilika ohne Fassade. Sie stand im Mittelalter in höchster Verehrung, zumal die Legende berichtet, daß der Heilige Petrus hier im Jahre 44 n. Chr., aus Antiochia kommend, an Land ging, um nach Rom weiterzureisen.

Die Certosa di Pisa; links: ***die Fassade der Kirche***

DIE CERTOSA DI PISA

Die Kartause von Pisa ist nach der in Pavia die zweitgrößte Italiens. Sie wurde 1366 gegründet, während ihre im Innern stehende Kirche erst 1374 begonnen und im selben Jahrhundert vollendet wurde. Die große Rampe wurde im XV. Jahrhundert rekonstruiert und 1718 ein weiteres Mal umgebaut. In der Stille des pisanischen Landes erhebt sich die große Kartause von Pisa als feierliches Symbol einer Epoche und einer Zivilisation.

Das Landgut von San Rossore

San Rossore ist ein ausgedehnter Wald, reich an Pinien und typisch mediterraner Vegetation. Im Jahre 1535 kam Alessandro dei Medici über die Kanoniker der Kathedrale von Pisa in Besitz dieses Gutes. 1789 eignete es sich der Großherzog Pietro Leopoldo von Lothringen endgültig an. Ungefähr ein Jahrundert vorher (1627) hatte Ferdinand II. bereits die ersten Dromedar-Paare ausgesetzt, welche sich völlig akklimatisierten.

Die dichte Vegetation im Wald von San Rossore

FOLKLORE

Unsere geschichtsträchtige, alte Stadt besitzt ein Erbe an Folklore, die aus der Vergangenheit schöpfend, Traditionen und spektakuläre Veranstaltungen hervorbringt.

La Luminaria

Schon ab der ersten Hälfte des XIV. Jahrhunderts war es Brauch in Pisa, am 16. Juni, dem Vorabend des Festes zu Ehren des hl. Ranieri, die Fenster der Häuser mit Ollämpchen zu schmücken. Auch heute noch ist dieses Fest zu Ehren des Stadtpatrons sehr suggestiv. Am 16. Juni erstrahlen alle Fenster der Paläste an den Arnoufern im Schein zahlloser Lichter, in jenen typischen Nächten des pisanischen Frühlings, und vermischen ihren Glanz mit den zitternden schwimmenden Lämpchen, die den Arno hinuntertreiben.

Il Gioco del Ponte

Ursprünglich wurde dieses « Spiel der Brücke » il Gioco del Mezzascudo » benannt. Es wurde auf der Piazza dei Cavalieri abgehalten und diente vor allem dazu, die jungen Pisaner im Waffengebrauch zu üben. Später ging man dazu über, dieses Spiel auf den Ponte di Mezzo, die im Zentrum der Stadt liegende Mittelbrücke, zu verlegen. Der Arno teilt Pisa in zwei Teile; der südliche Teil wird Mezzogiorno genannt, der nördliche Tramontana. Ritter und Kämpfer aus Mezzogiorno und Tramontana bekämpfen sich auf der Brücke; sie tragen Rüstungen und besondere Schilder, Targoni genannt. Es geht um den Besitz der Brücke. Ruhm und Ehre der Siegerpartei, während die Verlierer (bei kompletter Finsternis) leer ausgehen.

La Regata di San Ranieri

Sie wird am 17. Juni, dem Tag des Schutzpatrons der Stadt, abgehalten. Verschiedene Bezirke der Stadt nehmen daran teil. Nachdem ungefähr zweitausend Meter zurückgelegt und das Ziel erreicht wurde, muß aus einem jeden der Boote ein Mann die Fahnenstange hinaufklettern und die Fahne herabholen. Den Siegern winkt ein Pokal, die letzen erhalten ein Entenpaar...

La Regata delle Quattro Repubbliche Marinare

Zum ersten Male wurde diese Regatta 1956 abgehalten. Die Idee dazu ging von Pisa aus, und nach wenigen Jahren konnte sie nationale und internationale Zustimmung erlangen. Einmal alle vier Jahre beherbergen Pisa, Amalfi, Genua und Venedig diese Regatta, die den Glanz der antiken Seerepubliken in Erinnerung ruft. Die Regatta wird durch einen prachtvollen historischen Umzug eingeleitet; dem staunenden Publikum präsentieren sich etwa die vierhundert Komparsen, die, wenn auch durch die Brille unserer Zeit, vergangenen Ruhm wachhalten. Die Galionsfigur eines jeden Schiffes unterscheidet die Republiken, das heißt, für Pisa der Adler, für Amalfi das Flügelroß, für Genua der beflügelte Drache und für Venedig der Markuslöwe.

INHALT

Pisa in der Geschichte Seite 3
Pisa in der Kunst 6

BAPTISTERIUM 40
- *Innenraum* 42
- *Kanzel* 44
- *Kanzel: Herkulesstatue* 46

CAMPOSANTO MONUMENTALE 55
- *Das Ablösen der Fresken* 65
- *Das Bombardement des Camposanto* 56
- *Das Tabernakel auf dem Camposanto* 56
- *Die Fresken* 64
- *Die Ketten* 62
- *Die Sarkophage* 63

Der Etruskische Löwe 53
Der Judenfriedhof und die Synagoge 53
CERTOSA DI PISA 106

FOLKLORE 108
- *Il Gioco del Ponte* 26
- *La Luminaria* 26
- *La Regata delle Quattro Repubbliche Marinare* 26
- *La Regata di San Ranieri* 26

GALILEO GALILEI 70

KATHEDRALE 19
- *Die Heilige Agnes* 38
- *Die Jungfrau mit dem Kind* 38
- *Galileo-Leuchter* 36
- *Grabmal für Heinrich VII. von Luxemburg* 39
- *Innenraum* 30
- *Kanzel* 32
- *Karyatiden* 35
- *Mittelportal* 24
- *Mosaiken* 37
- *Porta di San Ranieri* 27
- *Relieftafel mit Geburt Christi* 34
- *Relieftafel mit Kreuzigung* 34
- *Urne des hl. Ranieri* 39

KIRCHEN :
- ABBAZIA DI SAN ZENO 76
- BASILIKA S.PIETRO A GRADO 104
- SAN FRANCESCO Seite 81
- SAN FREDIANO 83
- SAN PAOLO A RIPA D'ARNO 101
- SAN SISTO 82
- SANTA CATERINA 74
- SANTA MARIA DELLA SPINA 98
- SANTO SEPOLCRO 96
- SANTO STEFANO DEI CAVALIERI 80

LANDGUT SAN ROSSORE 107

MUSEO DELL'OPERA DEL DUOMO
(Dommuseum) 47
- *Elfenbein-Madonna* 52
- *Holzkruzifix aus dem Dom* 50
- *Islamischer Bronzegreif und Bronzebecken* 48
- *Madonna del Colloquio (Lächelnde Jungfrau Maria)* 51
- *Weibliche Statuen ohne Kopf* 49

MUSEO DELLE SINOPIE
(Sinopienmuseum) 66
- *Obergeschoß* 68
- *Erdgeschoß* 69

MUSEO NAZIONALE DI SAN MATTEO 87
- *Der hl. Paulus* 94
- *Kampf zwischen Riesenschlangen und Putten von Spartaco Carlini* 95
- *Kruzifix von Berlinghieri* 90
- *Kruzifix von Giunta Pisano* 90
- *Madonna del Latte* 92

PALÄSTE :
- PALAZZO AGOSTINI 86
- PALAZZO ALLA GIORNATA 85
- PALAZZO GAMBACORTI 24
- PALAZZO TOSCANELLI 86

PLÄTZE :
- PIAZZA DEI CAVALIERI 77

SCHIEFER TURM 8
TORRE DEL CAMPANO 85

UNIVERSITÄT 84
ZITADELLE 103

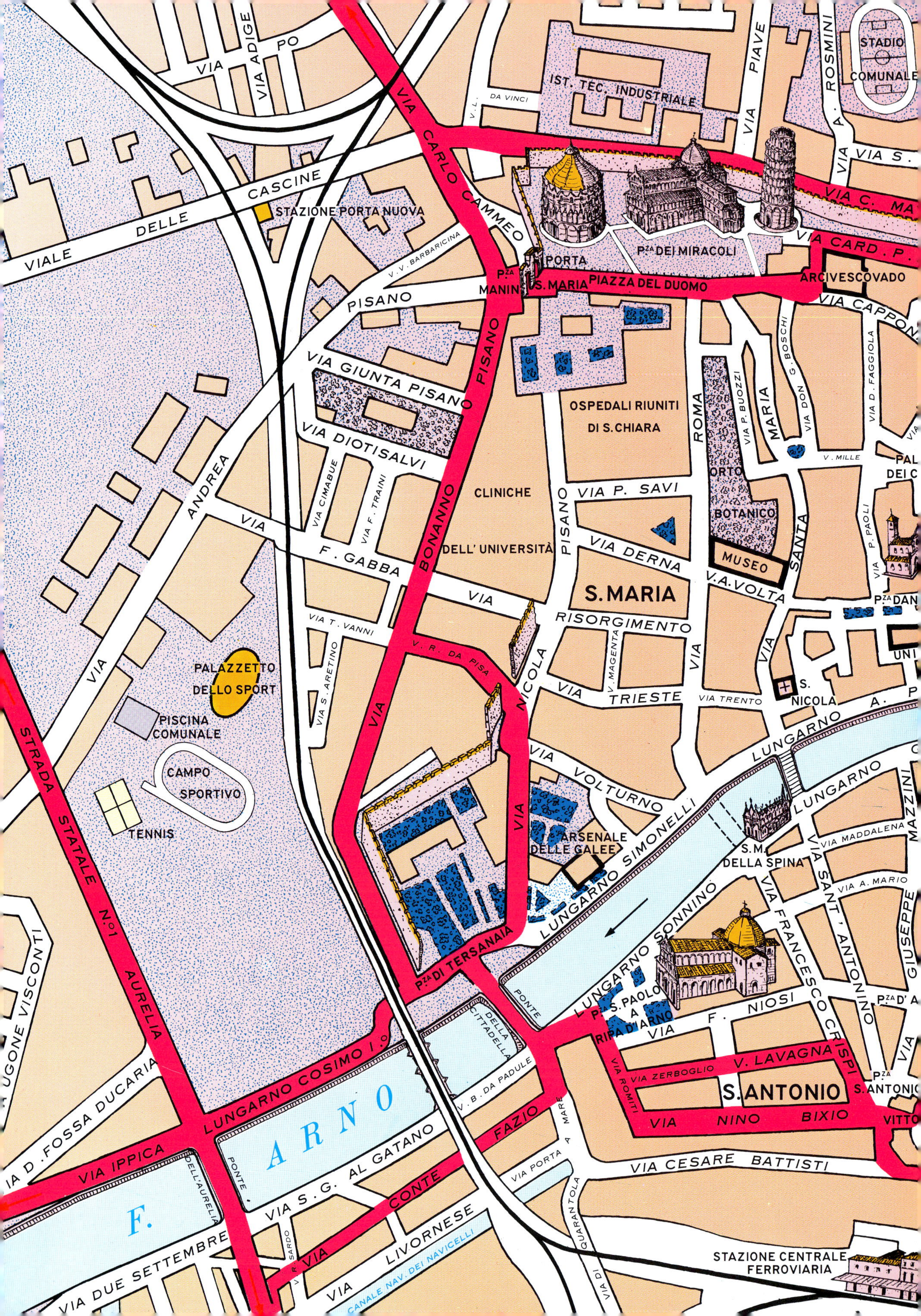
STADIO COMUNALE
IST. TEC. INDUSTRIALE
VIA PO
VIA ADIGE
VIA PIAVE
VIA A. ROSMINI
VIA S.
VIA L. DA VINCI
VIA C. MA
VIA CARLO CAMMEO
VIALE DELLE CASCINE
STAZIONE PORTA NUOVA
PORTA S. MARIA
Pza DEI MIRACOLI
Pza MANIN
PIAZZA DEL DUOMO
VIA CARD. P.
ARCIVESCOVADO
VIA CAPPON
V. V. BARBARICINA
PISANO
VIA GIUNTA PISANO
VIA BONANNO PISANO
OSPEDALI RIUNITI DI S. CHIARA
VIA DIOTISALVI
CLINICHE DELL' UNIVERSITÀ
VIA ROMA
VIA SANTA MARIA
VIA F. BUOZZI
VIA DON G. BOSCHI
VIA D. FAGGIOLA
V. MILLE
ORTO BOTANICO
MUSEO
VIA P. SAVI
VIA DERNA
V. A. VOLTA
VIA P. PAOLI
Pza DAN
PAL. DEI C
VIA ANDREA PISANO
VIA F. GABBA
VIA CIMABUE
VIA F. TRAINI
VIA RISORGIMENTO
S. MARIA
VIA T. VANNI
V. R. DA PISA
VIA S. ARETINO
VIA NICOLA PISANO
V. MAGENTA
VIA TRIESTE
VIA TRENTO
S. NICOLA
UNI
PALAZZETTO DELLO SPORT
PISCINA COMUNALE
CAMPO SPORTIVO
TENNIS
VIA VOLTURNO
LUNGARNO A. P
LUNGARNO
LUNGARNO SIMONELLI
ARSENALE DELLE GALEE
S. M. DELLA SPINA
VIA MADDALENA
VIA A. MARIO
VIA MAZZINI
VIA GIUSEPPE
VIA SANT' ANTONIO
VIA FRANCESCO CRISPI
Pza DI TERSANAIA
STRADA STATALE No1 AURELIA
LUNGARNO SONNINO
Pza S. PAOLO A RIPA D'ARNO
VIA F. NIOSI
Pza D'A
VIA DELLA CITTADELLA
PONTE
VIA ROMITI
VIA ZERBOGLIO
V. LAVAGNA
S. ANTONIO
Pza S. ANTONIO
VIA NINO BIXIO
VITTO
UGONE VISCONTI
VIA D. FOSSA DUCARIA
LUNGARNO COSIMO I. O
ARNO
V. B. DA PADULE
FAZIO
VIA A MARE
VIA IPPICA
F.
PONTE DELL'AURELIA
PONTE
VIA S. G. AL GATANO
VIA CONTE
VIA PORTA A MARE
VIA CESARE BATTISTI
VIA DUE SETTEMBRE
V. R. SARDO
VIA LIVORNESE
CANALE NAV. DEI NAVICELLI
VIA DI QUARANTOLA
STAZIONE CENTRALE FERROVIARIA

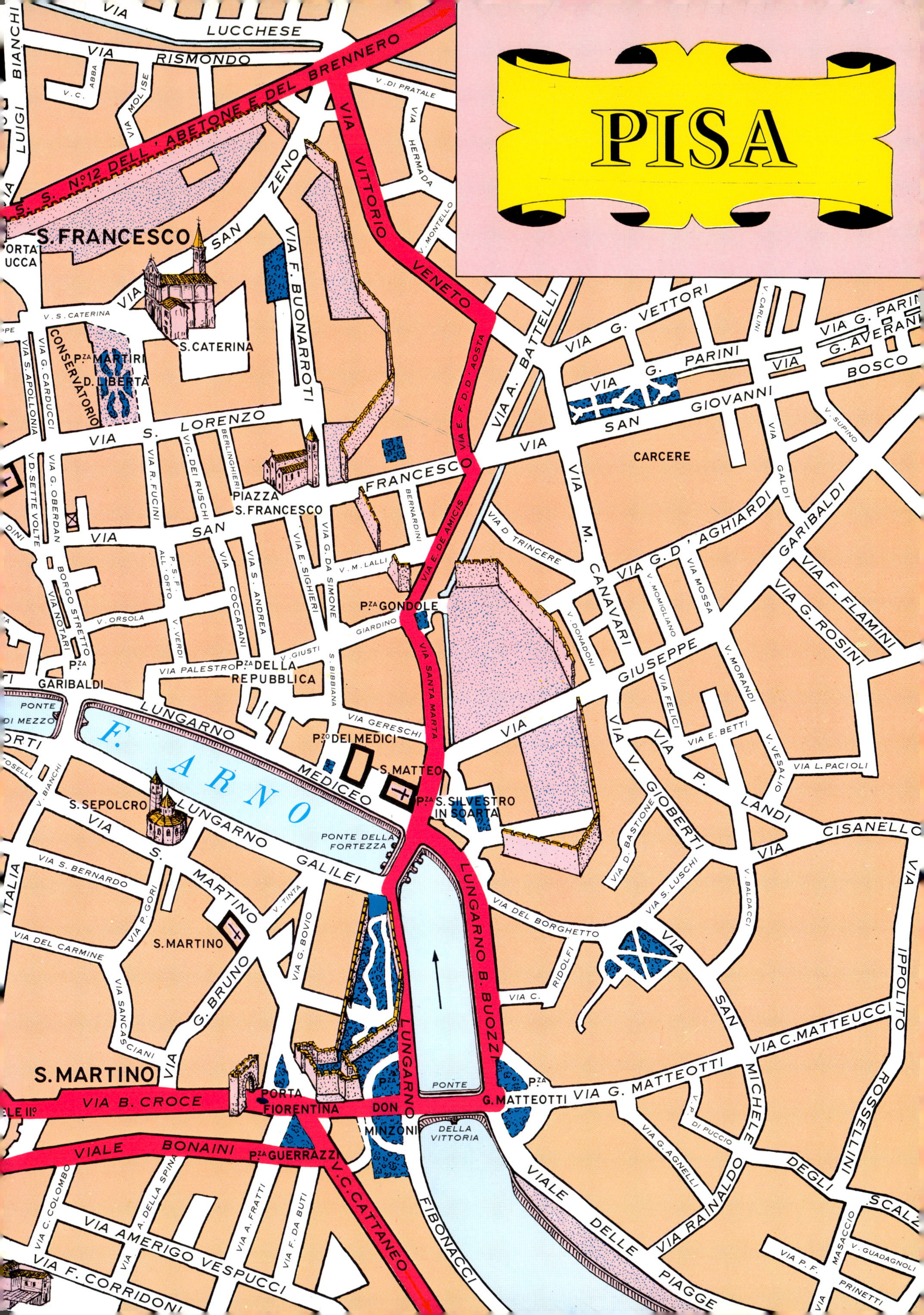
PISA
VIA LUCCHESE
VIA RISMONDO
VIA LUIGI BIANCHI
V. DI PRATALE
VIA MOLISE
S.S. Nº12 DELL'ABETONE E DEL BRENNERO
VIA VITTORIO VENETO
VIA HERMADA
V. MONTELLO
VIA ZENO
S. FRANCESCO
PORTA LUCCA
VIA SAN
V. S. CATERINA
S. CATERINA
VIA F. BUONARROTI
P.ZA MARTIRI D. LIBERTÀ
CONSERVATORIO
VIA S. APOLLONIA
VIA G. CARDUCCI
VIA S. LORENZO
VIA A. BATTELLI
VIA G. VETTORI
VIA G. PARINI
VIA G. AVERANI
VIA BOSCO
VIA SAN GIOVANNI
VIA E. F. D. D. AOSTA
CARCERE
VIA SAN FRANCESCO
PIAZZA S. FRANCESCO
VIA R. FUCINI
VIC. DEI RUSCHI
BERLINGHIERI
BERNARDINI
VIA E. DE AMICIS
VIA D. TRINCERE
VIA M. CANAVARI
VIA G. D'AGHIARDI
VIA GARIBALDI
VIA F. FLAMINI
VIA G. ROSINI
VIA MOSSA
VIA GALDI
V. SUPINO
VIA D. SETTE VOLTE
VIA G. OBERDAN
BORGO STRETTO
VIA NOTARI
VIA COCCAPANI
VIA S. ANDREA
VIA E. SIGHIERI
VIA G. DA SIMONE
V. M. LALLI
P.ZA GONDOLE
GIARDINO
V. ORSOLA
V. VERDI
VIA PALESTRO
P.ZA DELLA REPUBBLICA
V. GIUSTI
S. BIBBIANA
P.ZA GARIBALDI
VIA SANTA MARTA
V. DONADONI
VIA GIUSEPPE
VIA FELICI
V. MORANDI
VIA E. BETTI
V. VESALIO
VIA L. PACIOLI
PONTE DI MEZZO
LUNGARNO MEDICEO
F. ARNO
VIA GERESCHI
P.ZO DEI MEDICI
S. MATTEO
P.ZA S. SILVESTRO IN SOARTA
VIA V. GIOBERTI
VIA P. LANDI
VIA CISANELLO
S. SEPOLCRO
LUNGARNO GALILEI
PONTE DELLA FORTEZZA
VIA S. MARTINO
VIA S. BERNARDO
V. TINTA
LUNGARNO B. BUOZZI
VIA D. BASTIONE
VIA S. LUSCHI
V. BALDACCI
VIA DEL BORGHETTO
VIA ITALIA
VIA DEL CARMINE
VIA P. GORI
S. MARTINO
VIA G. BOVIO
VIA RIDOLFI
VIA C.
VIA SAN MICHELE
VIA IPPOLITO ROSSELLINI
VIA SANCASCIANI
VIA G. BRUNO
VIA C. MATTEUCCI
S. MARTINO
VIA B. CROCE
PORTA FIORENTINA
LUNGARNO
P.ZA DON MINZONI
PONTE DELLA VITTORIA
P.ZA G. MATTEOTTI
VIA G. MATTEOTTI
DI PUCCIO
VIA G. AGNELLI
VIALE BONAINI
P.ZA GUERRAZZI
V. C. CATTANEO
VIA A. DELLA SPINA
VIA C. COLOMBO
VIA A. FRATTI
VIA F. DA BUTI
VIA AMERIGO VESPUCCI
VIA F. CORRIDONI
FIBONACCI
VIALE DELLE PIAGGE
VIA RAINALDO
VIA DEGLI SCALZI
VIA P. F.
MASACCIO
V. GUADAGNOLI
PRINETTI